Oscar manuali

Sebastiano Martelli
Salvatore Di Pasqua

Guida
alla lettura
di SILONE

ARNOLDO MONDADORI
EDITORE

Serie a cura di Federico Roncoroni

© 1988 Arnoldo Mondadori Editore S.p.A., Milano

I edizione Oscar manuali settembre 1988

ISBN 88-04-30758-3

Questo volume è stato stampato
presso Arnoldo Mondadori Editore S.p.A.
Stabilimento Nuova Stampa - Cles (TN)
Stampato in Italia - Printed in Italy

Redazione: Luciana Leoni
Coordinamento grafico: Vittorio Merico
Impaginazione: Donata Sorrentino

Sommario

Guida alla lettura
di Silone

Introduzione

Non è facile penetrare nel mondo poetico (in apparenza
così semplice) di un autore quale Silone, la cui esperienza
di vita si intreccia intimamente alle ragioni e ai temi della
sua opera, e viceversa. La conoscenza dell'una, infatti,
presuppone quella dell'altra attraverso una reciprocità di
biografia e scrittura che costringe lo sforzo interpretativo
ad orientarsi in una duplice direzione. Silone uomo e Silone scrittore camminano parallelamente, ambedue impegna-
ti nella ricerca di una *verità* (morale e poetica) che trova il
suo sostrato più profondo in quanto esperito nella vita.
Egli è uno di quegli autori la lettura della cui opera acquista senso solo a patto che se ne conosca la vicenda umana.
Non è possibile, pertanto, avvicinarsi a Silone senza seguire l'itinerario della sua esistenza per scoprire in essa le radici di un « impegno » che, al di là delle singole scelte e
abiure, nella sua essenza non viene mai meno.

Lo scrittore trova dunque le sue motivazioni ultime nelle
vicissitudini dell'uomo; anzi, la scrittura stessa di Silone
ha, come egli ha in diverse occasioni sottolineato, questo
senso di approfondimento della propria ed altrui esperienza: « Se ho scritto dei libri, l'ho già detto, è per cercare di
capire e di far capire »[1]. Senza conoscerne la vita, i riferimenti biografici, la lettura di Silone corre il rischio di essere molto banale e di rimanere al di qua della soglia del re-
ferente.

Se è vero che nell'opera di Silone, e nei suoi personaggi,

troviamo riflessa l'inquietudine dell'uomo, e che le coordinate della sua scrittura si muovono all'interno dello stesso spazio mentale che ne ha caratterizzato la vita (la disillusione dell'esperienza comunista e la ricerca di nuove certezze per sfuggire alla spirale del nichilismo), non si deve arbitrariamente dedurre che narrare, per l'autore, è l'equivalente di un *transfert* che permette di superare le proprie frustrazioni politiche.

L'atto di scrivere non è per Silone la risposta esterna e velleitaria ad una delusione storica, ma il modo intimo, *necessario* per esperire quel fatto. Egli è l'interprete di un'esperienza che condivide con tutta una generazione di uomini; per questo, pur rimanendo visceralmente attaccato alla sua terra, suscita con le sue opere un interesse sovranazionale.

Scrittura e vita, inoltre, sono in Silone un binomio inseparabile senza che questo voglia dire sacrificare alla narrazione le « ragioni dell'arte ». La ricerca formale e linguistica, paziente, continua e a tratti affannosa, e lo stesso progressivo lavoro di revisione delle opere scritte in esilio attestano senza dubbio che Silone non è uno scrittore improvvisato che deve, come è stato detto, la sua fortuna a « ragioni extraletterarie ». Egli è un autore di intonazione morale o religiosa (se si priva questo aggettivo di ogni implicazione dogmatica e confessionale) che avverte come pochi la responsabilità della pagina.

Forse è anche per questo che Silone, nonostante il riconoscimento quasi unanime della critica europea e americana, ha stentato (e in parte stenta ancora) a trovare una sua collocazione nel panorama letterario italiano. Uomo schivo, estraneo alla logica mondana del letterato, costretto all'esilio durante il fascismo, transfuga dal comunismo, cristiano non ortodosso, Silone ha tutte le caratteristiche per vivere, nel mondo così composto delle nostre lettere, attestato da solitario: una solitudine cui sfugge, però, attraverso il successo di pubblico dei suoi romanzi. Non per niente, Silone, è il caso di ricordarlo, è uno degli autori italiani più letti nel mondo, e alcuni suoi libri sono autentici best-sellers internazionali con traduzioni in numerose lingue.

Il graduale riconoscimento della « letterarietà » della sua opera anche in Italia, dopo l'acceso dibattito sul « caso Silone » degli anni Cinquanta, se è andato estendendosi col passare degli anni, non sempre ha trovato profondità di valutazioni e convincimenti capaci di travalicare le attestazioni di stima.

Bisogna ricordare che la morte ha colto Silone in una clinica svizzera, in condizioni « di quasi indigenza senza una pensione in un paese in cui tutti sono pensionati »[2]. Del resto molti degli articoli scritti sull'onda emotiva della scomparsa dello scrittore mettono in evidenza la « solitudine » dell'uomo e dell'intellettuale, e il ritardato e non sempre convinto riconoscimento letterario della sua opera.

Ancora oggi il « caso » Silone appare tutt'altro che risolto, nonostante la presenza di alcune analisi egregie: la « solitudine », per quanto riguarda la critica italiana, sembra trascendere anche la morte. Resta la sua opera: l'unica possibilità per uno scrittore di « vincere di mille secoli il silenzio ».

1
LA VITA

L'eredità dell'Abruzzo e l'influenza del padre

Ignazio Silone, pseudonimo di Secondo Tranquilli, è nato il 1° maggio 1900 a Pescina, un comune della Marsica in provincia dell'Aquila, « in una decorosa casa di pietre, isolata dalle altre, nella parte in discesa della via principale di allora »[1]. Il padre, Paolo, era un piccolo proprietario terriero e la madre, Marianna Delli Quadri, tessitrice e tintora.

La Marsica è una regione impervia e montuosa che ha avuto non poca influenza nel determinare il carattere chiuso e forte dei suoi abitanti; una contrada isolata e raccolta sotto lo schermo protettivo delle sue montagne, posta in una regione, l'Abruzzo, già di per sé periferica:

> Il destino degli uomini nella regione che da circa otto secoli viene chiamata Abruzzo è stato principalmente deciso dalle montagne[2].

L'ovvia conseguenza di questa posizione geografica sono dunque l'isolamento culturale e la naturale estraneità a ogni spinta centrifuga. Anzi, risulta difficile cogliere i veri aspetti della narrativa e della vita di Silone se non si ha presente la singolarità della terra in cui egli nasce: una terra refrattaria e immobile, pervasa da uno spirito religioso austero, consono alla vita eremitica; una terra lontana dai centri del potere le cui uniche forme di ribellione e di ascesi spirituale sono demandate alla santità:

Effettivamente nella maggior parte dei luoghi d'Abruzzo, a chiunque abbia gusto e interesse per le creazioni dell'arte e per il passato, dopo aver visitato le chiese e i conventi, resta poco o nulla da vedere. Mancano nella storia locale glorie civili paragonabili a quelle della maggior parte delle altre regioni italiane. La regione fu sempre governata da una capitale fuori del proprio territorio, e pertanto non ebbe mai una propria corte, un centro laico d'arte e cultura. Durante tutto il Medioevo e fino al secolo scorso, salvo rare eccezioni, gli spiriti eletti non vi trovavano altro scampo e non vi conoscevano altre forme di elevazione all'infuori della religione[3].

Il primo contatto cosciente di Silone con la realtà dei cafoni è drammatico. La sua infanzia e la sua adolescenza sono infatti turbate da quello che più tardi apparirà ai suoi occhi come un:

contrasto stridente, incomprensibile, quasi assurdo, tra la vita privata e familiare, ch'era, o almeno così appariva, prevalentemente morigerata e onesta, e i rapporti sociali, assai spesso rozzi odiosi falsi[4].

I « piccoli fatti monotoni banali usuali » che accompagnano la crescita di Silone avranno per l'uomo Silone il valore di ferite mai rimarginate. Egli sperimenta con gli occhi vergini del fanciullo l'ingiustizia, la miseria e la disperazione che gravano sui cafoni e che trovano quotidianamente dolorosa testimonianza. Ma sperimenta anche la passività o, peggio, il senso di indifferenza che tali vicende provocano negli *altri*, in coloro, cioè, che non hanno subìto l'ingiustizia e non l'avvertono dunque come tale:

Badare ai fatti propri, era la condizione fondamentale del vivere onesto e tranquillo, che ci veniva ribadita in ogni occasione[5].

Indicativo, in tal senso, è il racconto di uno di quegli episodi:

Ero ancora ragazzo quando, una domenica, mentre attraversavo la piazza accompagnato da mia madre, assistei allo stupito e crudele spettacolo d'un signorotto locale che aizzò il suo cagnaccio contro una donnetta, una sarta, che usciva di chiesa. La misera fu gettata a terra, gravemente ferita, i suoi abiti ridotti in stracci. Nel paese l'indignazione fu generale, ma sommessa. Nessuno mai capì come la povera donna concepisse poi l'infelice idea di sporgere querela contro l'ignobile signorotto; poiché n'ebbe solo il prevedibile risultato di aggiungere ai danni le beffe della giustizia. Ella fu, devo ripetere, compianta da ognuno e privatamente soccorsa da molti, ma non trovò un solo testimonio disposto a deporre la verità davanti al pretore, né un avvocato per sostenere l'accusa[6].

Questo atteggiamento di estrema sottomissione dei cafoni non va spiegato, tuttavia, per Silone, con la paura:

Non era gente vile o fiacca. La rigidità del clima, la pesantezza del lavoro, la sobrietà del tenore di vita l'avevano resa assai tenace e dura. Ma pesavano su di essa secoli di rassegnazione, fondati sulla violenza e gli inganni. L'esperienza giustificava il più nero pessimismo. Gli animi umiliati e offesi erano capaci di subire senza lamentarsi i peggiori soprusi, finché non esplodevano in rivolte impreviste[7].

In contrasto con la morale di vita condivisa da tutti sono invece l'insegnamento e l'esempio che Silone riceve dal padre. Anticonformista, pervaso da un naturale senso di giustizia, questi, con la sua educazione grave ed austera, ispirata al rispetto per gli altri, interviene in maniera decisiva nel processo formativo di Silone. Si legga a riguardo l'episodio narrato in *Uscita di sicurezza*:

Un piccolo uomo cencioso e scalzo, ammanettato tra due carabinieri, procedeva a balzelloni, nella strada deserta e polverosa, come in un penoso ritmo di danza, forse perché zoppo o ferito a un piede. (...) L'immagine pietosa e buffa m'apparve e venne incontro mentre mi trovavo seduto sulla soglia di casa, col sillabario sulle ginocchia, alle prime difficoltà con le vocali e le consonanti; e fu una distrazione inaspettata che mi mosse al riso. Mi girai attorno per trovare qualcuno che condividesse la mia allegria e in quello stesso momento, dall'interno di casa, udii sopraggiungere il passo pesante di mio padre.
« Guarda com'è buffo » gli dissi ridendo.

Ma mio padre mi fissò severamente, mi sollevò di peso tirandomi per un orecchio e mi condusse nella sua camera. Non l'avevo mai visto così malcontento di me.

« Cosa ho fatto di male? » gli chiesi stropicciandomi l'orecchio indolorito.

« Non si deride un detenuto, mai. »

« Perché no? »

« Perché non può difendersi. E poi perché forse è innocente. In ogni caso perché è un infelice. »[8]

Purtroppo l'uomo muore molto presto, dopo uno sfortunato tentativo di emigrazione in Brasile, e il peso economico della famiglia graverà tutto sulla madre che si vede costretta a riprendere il suo lavoro di tessitura.

Gli anni di formazione e la prima « uscita di sicurezza »

Silone trascorre i primi quindici anni nel suo paese d'origine: là compie i primi studi e là si iscrive anche al ginnasio presso il seminario diocesano. Nel violento terremoto che nel 1915 sconvolse la Marsica causando la morte di oltre trentamila persone, Silone perde anche la madre e rimane solo con un fratello, Romolo, unico superstite di sette. I due vengono affidati alle cure della nonna paterna, che, per fargli terminare gli studi ginnasiali, lo invia come convittore all'istituto Pio X di Roma. Ancora angosciato e traumatizzato per le conseguenze del terremoto, Silone trova incolmabile la differenza tra il « distrutto ambiente familiare e quella gelida caserma »[9]. Fugge così dal collegio e cerca rifugio nella soffitta di un piccolo albergo vicino alla stazione. Ritrovato dopo tre giorni e ricondotto al convitto, viene espulso. Lo accoglie allora don Orione in uno dei suoi istituti a San Remo, e l'incontro con un sacerdote tanto diverso dalla norma rimarrà indelebile nella memoria di Silone. Poi, da San Remo, Silone passa a frequentare il liceo-ginnasio a Reggio Calabria.

Questo è un periodo particolarmente difficile per il giovane Silone, duramente provato dall'esperienza del terremoto e, soprattutto, del dopo-terremoto. Ciò che infatti offende la sua sensibilità non è tanto l'evento catastrofico che, in una contrada in cui tante ingiustizie rimanevano impunite, gli appare come « un fatto talmente plausibile da non richiedere ulteriori spiegazioni »[10]: è quanto accade in seguito tra le macerie, ad opera dei sopravvissuti e degli speculatori, a sconvolgerlo. Scriverà in proposito:

A quel tempo risale l'origine della convinzione popolare che, se l'umanità una buona volta dovrà rimetterci la pelle, non sarà in un terremoto o in una guerra, ma in un dopo-terremoto o in un dopo-guerra[11].

Non a caso, proprio in quegli anni Silone allaccia i primi contatti col movimento organizzato dei contadini che, a causa della guerra, attraversava allora momenti difficili poiché gli uomini più attivi erano stati richiamati al servizio militare. Scrive R.W.B. Lewis:

Il giovane studente si recava ogni sera nella sede della lega di Pescina per tenere la corrispondenza dei contadini analfabeti, per scrivere le proteste, i ricorsi contro i soprusi dei padroni e delle autorità. Agli occhi della gente per bene, era un comportamento scandaloso, poiché egli stesso apparteneva al ceto dei proprietari; ma per lui era una nuova scuola, la scuola di cui il suo spirito aveva bisogno, la scuola della povera gente. Talvolta egli riuniva i contadini per leggere a essi i racconti di Gorki o di Tolstoj, talvolta era chiamato nei paesi vicini, dalle leghe superstiti, per consiglio o incoraggiamento (...). Per finire, a sua insaputa, una riunione dei rappresentanti delle leghe lo nominò segretario dei contadini di tutto l'Abruzzo. Egli aveva appena diciassette anni[12].

Nella sua funzione di segretario dei contadini, Silone è energico e deciso. Così, ad esempio, quando un conoscente, licenziato da un ufficio statale competente, gli fornisce i dati precisi, Silone non esita a denunciare pubblicamente i reati commessi dal Genio Civile nei lavori di ricostruzione nella zona del Fucino: scrive tre articoli (i primi articoli della sua vita) e li invia all'«Avanti!». È Silone stesso a darci il resoconto di quella vicenda:

> I primi due articoli furono subito stampati e suscitarono grande scalpore presso il pubblico dei lettori, ma nessuno presso le autorità. Il terzo articolo non apparve, come seppi più tardi, per l'intervento presso la redazione di un autorevole avvocato socialista. In tal guisa appresi che il sistema d'inganno e di frode che ci opprimeva era assai più vasto di quello che appariva, e aveva invisibili ramificazioni anche tra i notabili del socialismo[13].

L'esperienza, tuttavia, è servita a far conoscere il carattere dello studente «che aveva osato lanciare la sfida». Silone, da parte sua, è ormai maturo per una scelta più radicale. La sensazione di aver scoperto la strada «per una rivoluzione politica, *hic et nunc*, creatrice di società libere e sane»[14] lo spinge a interrompere gli studi, lasciare l'Abruzzo e trasferirsi a Roma:

> Fu una specie di fuga, di uscita di sicurezza da una solitudine insopportabile, un «terra! terra!», la scoperta di un nuovo continente[15].

La militanza politica

Nella capitale, Silone viene a contatto col movimento operaio organizzato e si iscrive all'Unione giovanile socialista. Nella nuova esperienza egli porta l'entusiasmo tipico dei giovani ma non ignora che «l'adesione al partito della rivoluzione proletaria non era da confondere con la semplice iscrizione politica». La conversione politica gli richiede un impegno integrale che implica «un certo modo di pensare e un certo modo di vivere». Tuttavia la conciliazione della spontanea ribellione contro una realtà sociale inaccettabile con «le esigenze "scientifiche" di una dottrina politica minutamente codificata» non è per lui agevole né tantomeno priva di conseguenze. Scriverà, poi, egli stesso:

Il proprio mondo interno, il « Medioevo » ereditato e radicato nell'anima, e da cui, in ultima analisi, derivava lo
stesso iniziale impulso della rivolta, ne fu scosso fin nelle
fondamenta, come da un terremoto. Nell'intimo della coscienza tutto venne messo in discussione, tutto diventò un
problema. Fu nel momento della rottura che sentii quanto
fossi legato a Cristo in tutte le fibre dell'essere. Non am-
mettevo però restrizioni mentali. La piccola lampada tenuta accesa davanti al tabernacolo delle intuizioni più care fu
spenta da una gelida ventata. La vita, la morte, l'amore, il
bene, il male, il vero cambiarono senso, o lo perdettero interamente. Tuttavia sembrava facile sfidare i pericoli non
essendo più solo nell'azione. Ma chi racconterà l'intimo
sgomento, per un ragazzo di provincia, mal nutrito, in una
squallida cameretta di città, della definitiva rinuncia alla
fede nell'immortalità dell'anima? Era troppo grave per po-
terne discorrere con chicchessia; i compagni di partito vi
avrebbero trovato forse motivo di derisione, e gli altri amici non v'erano più. Così, all'insaputa di tutti, il mondo
cambiò aspetto[16].

L'impegno che Silone dedica alla politica è radicale. Presto
diviene segretario della Gioventù socialista e, nel 1920, redattore del settimanale « L'avanguardia ». Conosce Gramsci e ne diventa amico. Nel gennaio 1921 al congresso di
Livorno, dove fu fondato il Partito comunista italiano,
porta l'adesione della Gioventù socialista. Diviene membro
della direzione del nuovo partito e redattore del quotidiano
triestino « Il lavoratore ». Intanto lo squadrismo fascista
rende difficile ogni forma di opposizione legale e la conquista dello stato da parte di Mussolini costringe il Partito
comunista ad organizzarsi clandestinamente:

Fu necessario cambiar nome, abbandonare ogni precedente
relazione di famiglia e consuetudine, fissare la residenza in
province prima mai frequentate, e condurre una vita apparente che allontanasse ogni sospetto d'azione cospirativa[17].

Nel 1923, durante uno dei suoi frequenti viaggi attraverso
l'Europa, Silone viene fermato e trattenuto nelle carceri di
Barcellona. È appunto in quella occasione che, dovendo
firmare alcuni articoli destinati al settimanale locale « La

Batalle », egli fa uso del nome Silone, traduzione italiana di Quintus Pompaeius Silo, un marsicano che nel 90 a. C. aveva combattuto contro Roma.

Nel 1925 Silone si occupa, con Gramsci, dell'ufficio stampa del partito. Poi, l'indomani del 1926, quando la promulgazione delle leggi speciali porta allo scioglimento di tutti i partiti, numerosi dirigenti comunisti, tra cui lo stesso Gramsci, vengono arrestati, e mentre Togliatti assume la direzione del Centro estero del partito, a Silone viene affidata l'organizzazione interna.

La nuova uscita di sicurezza

Nel maggio 1927, in rappresentanza del Partito comunista italiano, Silone partecipa a Mosca, insieme a Togliatti, a una sessione straordinaria dell'esecutivo del Komintern. Silone aveva già avuto modo, in altre occasioni, di incontrarsi con i rappresentanti del comunismo sovietico, riscontrando, anche in personalità « veramente eccezionali come Lenin e Trotzkij », l'assoluta incapacità « di discutere lealmente le opinioni contrarie alle proprie »[18]. Ma il viaggio a Mosca del '27 provoca in lui un più deciso ripensamento. In quell'occasione, infatti, gli viene chiesto di condannare un documento di Trotzkij indirizzato all'Ufficio politico del Partito comunista russo, ma egli si rifiuta di pronunciarsi senza prima conoscere il testo incriminato. La ferma posizione di Silone (e di Togliatti) provoca la veemente reazione degli altri delegati. Neanche l'intervento di Stalin e la minaccia di sottoporre la politica del Partito comunista italiano a un vaglio rigoroso, tuttavia, riescono a far recedere Silone dal suo proposito. Di fatto per Silone è ormai chiaro che, dopo la morte di Lenin, la spinta iniziale rivoluzionaria è degenerata nei tatticismi, negli opportunismi e negli intrighi degli uffici centrali. Scriverà, in proposito:

Quell'ultimo viaggio a Mosca m'aveva svelato l'estrema complessità e contraddittorietà del comunismo, di cui, in realtà, per esperienza personale conoscevo solo un settore, quello della lotta clandestina contro il fascismo. Il soggiorno a Mosca mi aveva mostrato il rovescio della medaglia. Ecco dunque che il comunismo, sorto dalle più profonde contraddizioni della società moderna, le riproduceva tutte nel suo seno, e con esacerbata virulenza, seppure in un quadro istituzionale e sociale diverso: militavano, sotto le sue bandiere, ribelli e persecutori, eroi e sicari, sfruttati e sfruttatori[19].

L'episodio moscovita di cui Silone si trova ad essere protagonista si colloca, dunque, in un momento particolarmente delicato per la storia del movimento operaio internazionale – l'ascesa al potere di Stalin e l'espulsione di Trotzkij – e Silone ha modo di cogliere direttamente la parabola involutiva della rivoluzione bolscevica che trova nello stalinismo il suo momento più tragico e inquietante. Tuttavia non esce subito dal partito. Per il momento si rifugia all'estero, dapprima in Francia e poi in Svizzera, e anche se viene esonerato, su sua richiesta, dagli incarichi di dirigenza svolge sui fogli di partito, «Lo stato operaio» e «Battaglie sindacali», un'intensa attività di propaganda. Nell'aprile del 1928 viene a conoscenza dell'arresto del fratello Romolo, accusato dell'attentato al re Vittorio Emanuele III alla Fiera campionaria di Milano. Prosciolto da questa accusa, il giovane, benché estraneo ad ogni attività politica, per solidarietà e stima verso il fratello esule, denuncia una sua fittizia appartenenza al PCI: viene allora condannato a dodici anni di reclusione, ma, per i maltrattamenti subiti, morirà quattro anni dopo nel carcere di Procida. Silone si sentirà poi sempre responsabile di questa morte: proprio nella fase di crisi col partito, Romolo ne diventa, per emulazione, martire. Ma il rimorso e l'amaro senso di colpa per la sorte del fratello non possono far recedere Silone da una decisione ormai indilazionabile. Così, allorché nel 1931 gli viene richiesta una nuova dichiarazione di condanna dei trotzkisti e viene sollecitato a ritornare nell'apparato con un incarico di responsabilità, Silone, stanco di una situazione insostenibile decide di uscire dal partito. Non è una decisione facile, ma, una volta presa, segna una svolta che provoca in Silone un vero e proprio trauma per tutto quello che in dieci anni di impegno totale (1921-1931) egli vi aveva investito. L'uscita dal Partito comunista rappresenta anzi, a suo dire, « una data assai triste, un grave lutto, il lutto della mia gioventù »[20]. Inizia così per Silone quella riflessione di approfondimento dei motivi del distacco e di « spassionata critica dell'esperienza sofferta » che sarà sempre al centro della sua opera.

Il periodo dell'esilio

Denunciato due volte al Tribunale speciale e non giudicato perché contumace, Silone è costretto a vivere un lungo periodo lontano dall'Italia (1929-1944). Egli si rifugia dapprima in Francia, ma, vistosi negare il permesso di residenza, cerca asilo in Svizzera, prima a Locarno poi a Davos e quindi a Zurigo, dove rimarrà quindici anni.

Il soggiorno zurighese costituisce un'occasione quanto mai importante per la formazione culturale di Silone, non solo perché ora egli può riprendere ed approfondire la sua preparazione letteraria (legge i classici latini e greci, Tolstoj, Dostoevskij, Gogol, Bernanos, Péguy), ma soprattutto perché a Zurigo aveva trovato rifugio gran parte dell'*intellighentia* europea dissidente dal nazismo. Osserva G. Rigobello:

A Zurigo vivono e scrivono in questi anni Thomas Mann, Bertolt Brecht, Robert Musil, Martin Buber, qui lavorano gli architetti della scuola di Walter Gropius, provenienti dal Bauhaus Dessau. La vita intellettuale vi è insomma eccezionalmente fervida (vi concorrono anche scienziati di psichiatria e di psicanalisi), e ad essa Silone dà presto il suo contributo attivo, fondando nel 1931, con un gruppo di artisti, tecnici e architetti, come G. Schmidt, S. Giedon, M.

Raphael, il poeta J. P. Samson e dei giovani architetti del Bauhaus Dessau, la rivista « Information » in lingua tedesca[21].

La rivista « Information » è una rivista di cultura varia, che privilegia l'analisi politica. In essa compare, nel 1932, il primo scritto di Silone su un argomento cristiano: *Der Christus von Kazan*[22].

Intanto, a Davos, Silone aveva già iniziato la sua attività di romanziere scrivendo *Fontamara* (1930). Il libro, però, verrà pubblicato in un'edizione svizzera in lingua tedesca solo nel 1933: il successo è immediato. Nel 1934, Silone scrive per un giornale svizzero alcuni racconti satirici che saranno raccolti in volume nel 1935 col titolo *Un viaggio a Parigi*: in seguito, lo scrittore li ripudierà ritenendoli « troppo giornalistici »[23].

Nel 1935-36, scrive *Pane e vino* (prima edizione, in lingua tedesca, nel 1937): è il primo dei due romanzi che hanno per protagonista Pietro Spina; il secondo, *Il seme sotto la neve*, sarà scritto nel 1939-40. Nel 1936 Silone collabora alla fondazione delle Nuove Edizioni di Capolago che curano testi per gli emigrati, e nel 1938 pubblica un saggio in forma di dialogo contro il totalitarismo: *La scuola dei dittatori*.

Intensa, in questo periodo, è anche la sua attività saggistica: tra gli altri, risalgono a quegli anni lo studio sulle origini e lo sviluppo del fascismo (*Der Faschismus*, 1934, mai pubblicato in italiano) e quello su Mazzini (*Nuovo incontro con Giuseppe Mazzini*, 1938).

In quegli anni di intenso lavoro letterario Silone si tiene in disparte dalla politica militante, non aderendo ad alcuna corrente del comunismo né tantomeno al Partito socialista. Però non esita a prendere posizione di fronte a episodi di intimidazione intellettuale intervenendo, all'occorrenza, con testi di denuncia, come dimostra, ad esempio, la lettera che l'1 settembre 1937 indirizza ai giornali di sinistra in lingua tedesca in difesa di Gide contro gli attacchi dei comunisti tedeschi[24].

Nel 1940, in concomitanza con l'esplodere della minaccia nazista a livello mondiale, Silone riprende il suo impegno politico all'interno del PSI, di cui accetta di dirigere il Centro estero. Così, nonostante il divieto del governo federale di occuparsi di politica, lo scrittore riprende la sua attività di militanza stringendo rapporti con i gruppi di resistenza sorti in vari paesi e diffondendo la stampa clandestina contro i regimi dittatoriali. Presto, però, dietro pressione del governo italiano che ne richiede l'estradizione, viene arrestato e relegato in campo di internamento a Davos e poi a Baden. Proprio mentre è internato a Baden scrive la riduzione teatrale di *Pane e vino*: *Ed egli si nascose*. Precisa in proposito G. Rigobello:

> Di questa nuova fase dell'impegno politico (1940-1944) va rilevato lo spirito d'indipendenza con il quale Silone affronta la realtà del socialismo, cui vuole risparmiare gli errori che fecero fallire il movimento durante la prima guerra mondiale e nell'immediato dopoguerra. La sua posizione è documentata da una serie di scritti, in cui alla riaffermazione dell'antifascismo (*Manifesto per la disobbedienza civile*) si affianca la proclamata autonomia nei confronti degli Alleati (tesi del *Terzo Fronte*). Ma soprattutto va segnalato il rinnovamento che, avvicinandosi la caduta del fascismo, intende imprimere al modo di affrontare la situazione politica italiana nell'ambito del socialismo[25].

Dal febbraio all'ottobre del 1944, Silone dirige il quindicinale « L'avvenire dei lavoratori » dalle cui pagine esorta a focalizzare l'attenzione dalla lotta contro il fascismo sui problemi annessi alla ricostruzione. Particolarmente significativo, per la vita privata dello scrittore, è in quegli anni l'incontro con la giornalista irlandese Darina Laracy. Corrispondente in Italia del « The New York Herald Tribune », la donna nel '41 era stata costretta a lasciare l'Italia e a rifugiarsi in Svizzera: qui appunto aveva conosciuto Silone che la sposò.

La pena del ritorno

Nell'ottobre del 1944 Silone rientra in Italia, chiamato a far parte della direzione del PSIUP. In seno al partito, nato dalla fusione di alcuni gruppi socialisti col movimento di unità proletaria, insieme a Pertini e Saragat Silone rivendica l'autonomia dal PCI in contrasto con la corrente favorevole invece alla fusione, sostenuta da Nenni e Basso.

Dopo la Liberazione, si rifiuta di entrare nel Comitato d'epurazione, e in un discorso pronunciato alla radio nel 1945 (*Solo la verità ci potrà salvare*) ribadisce che i problemi da affrontare non sono più quelli dell'antifascismo, ma quelli del post-fascismo: bisogna, cioè, impegnarsi per costruire la vera democrazia fidando nelle proprie forze. Nel 1945-'46 è chiamato a dirigere l'«Avanti!» e nel 1946 viene eletto deputato all'Assemblea costituente per la circoscrizione d'Abruzzo. Allorché nel gennaio 1947, per contrasti interni, il PSIUP si scinde in PSI e PSLI, Silone, pur disapprovando le correnti minoritarie che ne avevano promosso la scissione, non si schiera neanche con la maggioranza. Lasciata la direzione dell'«Avanti!», fonda la rivista «Europa Socialista», che dirige dal 1947 al '49 e attorno alla quale raccoglie vari uomini della sinistra indipendente. Quindi, nel febbraio del '49, con altri socialisti, dà vita al Partito socialista unitario (PSU). La posizione del partito è contro ogni rigida opposizione ideologica: l'Europa deve essere libera tanto dall'interferenza americana che da quella russa. Dopo qualche mese di vita, però, il PSU, per difficoltà organizzative, finisce per confluire nel Partito socialdemocratico di Saragat. Deluso, Silone si ritira dalla vita politica militante: ha così inizio il suo «secondo movimento centrifugo dalla politica di partito»[26].

In un discorso pronunciato a Milano nel 1949, al Comitato centrale di Comunità, lo scrittore, nel ribadire di essersi illuso di poter evitare la spartizione dello schieramento politico in «due campi», confessa di sentirsi «tra le persone più sconfitte della lotta politica italiana»[27]. Tuttavia, non abbandona il suo impegno civile e continua a interessarsi dei problemi reali della società italiana affrontandoli in termini di libertà e di autonomia della cultura. Il suo stesso linguaggio acquista in scioltezza e si allontana dalle formule di partito, e nella sua pagina come nei suoi discorsi i temi religiosi e morali coesistono con quelli più strettamente politici. Ma l'impostazione autonoma e libertaria darà, anche in questo caso, una profonda originalità al pensiero di Silone che troverà la sua sintesi più felice nell'espressione di « cristiano senza chiesa e socialista senza partito ».

Nel maggio 1950 Silone è a Berlino ovest con intellettuali di diverse nazioni per festeggiare la fine del blocco cui la città era sottoposta dai militari russi. In quell'occasione nasce il Movimento per la libertà della cultura e nello stesso anno Silone, assieme a Carlo Antoni, Giorgio Levi della Vida, Piero Calamandrei, Guido Calogero, Ernesto Rossi, Lionello Venturi, Umberto Bosco, Achille Battaglia, Egidio Reale ed altri,[28] fonda la Sezione italiana dell'associazione. Il Movimento ha una chiara intonazione antistaliniana, ma al suo interno si avvertono due diverse posizioni: una più apertamente filoamericana, che ha in Arthur Koestler il suo più convinto assertore e sostiene la necessità della guerra fredda, l'altra, invece, più liberale, che è più aperta al dialogo. Risulta quindi superficiale ed erroneo parlare di un Silone filoamericano: basti pensare che proprio nel periodo in cui viene fondato il Movimento per la libertà della cultura, Silone si vede rifiutare il visto di accesso negli Stati Uniti per la sua posizione antimaccartista. Il Movimento per la libertà della cultura promuove anche la fondazione di alcune riviste che fiancheggiano la sua attività. Tale è appunto « Tempo presente », fondata nel 1955 e diretta da Silone e da Nicola Chiaromonte.

Dal 25 al 31 marzo 1956 la Società europea di cultura, per favorire il disgelo tra i due blocchi, promuove un incontro a Venezia tra scrittori dell'est e dell'ovest. Vi partecipano i sovietici Fedin, Polevoi, Alpatov, Volodin, il polacco Iwaszkiewicz, il poeta jugoslavo Ristic, il teologo svizzero Karl Barth, i francesi Sartre, Vercors, Merleau-Ponty, gli inglesi J.D. Bernal, Stephen Spender, Pryce-Jones e gli italiani Silone, Piovene, Ungaretti e Carlo Levi[29]. In quella sede Silone pronuncia un discorso, *Lo scrittore e lo Stato*, in cui ribadisce l'autonomia dell'attività letteraria, in polemica con Sartre.

L'incontro, tuttavia, non soddisfa il desiderio degli occidentali di stabilire relazioni dirette con gli scrittori russi, anche perché questi appaiono troppo docili alle direttive del potere. Perciò, subito dopo Venezia, si avverte la necessità di avviare nuovi contatti. Lo scrittore Maurice Nadeau, direttore della rivista « Lettres Nouvelles », a nome di altre tre riviste (l'inglese « Encounter », diretta da Stephen Spender, l'italiana « Tempo presente » e la francese « Critique », diretta da Georges Bataille), si rivolge direttamente alle redazioni di alcune riviste dell'Est (le sovietiche « Inostrannaia Literatura » e « Znamya », la polacca « Tworczosc » e la jugoslava « Knizevnost ») per sollecitare uno scambio meno « ufficiale ». Il nuovo incontro si svolge a Zurigo, tra il 24 e il 27 settembre 1956, e vi partecipano i redattori di tutte le riviste invitate. Anche questa volta, però, i risultati pratici sono inferiori alle aspettative. Tra i più insoddisfatti è proprio Silone che prima della fine dei lavori fa pervenire agli scrittori sovietici Alessandro Ciakovski, Ivan Anissimov e Vadim Kojevnikov un questionario con l'invito a rispondere alle domande con comodo. Dopo tre mesi di silenzio – sono i mesi dell'insurrezione ungherese e della dura repressione sovietica –, ai primi di gennaio del 1957, arriva a Roma la risposta di Ivan Anissimov che scrive anche a nome dei suoi colleghi: è l'inizio di un breve carteggio pubblicato in due numeri della rivista « Tempo presente »[30]. Nella sua lettera Anissimov difende senza reticenze l'operato dei militari sovietici in Ungheria, perché col loro intervento hanno opposto « all'orrore fascista » della reazione ungherese il loro « eroismo ». Silone, nel ribadire la condanna dell'intervento militare russo, prende congedo dal suo interlocutore ammettendo l'impossibilità, per il momento, di un dialogo tra le due parti. Scrive L. d'Eramo:

> Secondo Silone, anche dopo il «disgelo», il problema di fondo della cultura ufficiale sovietica restava quello della coercizione governativa, e non c'era possibilità di democratizzazione culturale in una società in cui lo scrittore era ancora un «funzionario di Stato» e il suo dissenso seguitava ad essere chiamato tradimento. Per le autorità sovietiche, replicava Silone ad Anissimov, il dialogo era soltanto merce d'esportazione, vietata all'interno del Paese[31].

L'attività letteraria

Dopo il rientro in Italia, Silone non tralascia i suoi impegni letterari. Preoccupato di ricercare moduli espressivi meno retorici e di servirsi con maggior parsimonia delle parole, sottopone i testi dell'esilio a un accurato lavoro di revisione per curarne l'edizione italiana. Escono così, per la prima volta nel nostro paese, *Fontamara* (1949), *Pane e vino* (col titolo *Vino e pane*, 1955), *Il seme sotto la neve* (1950 e 1961) e *La scuola dei dittatori* (1962). Ma Silone non si limita a rielaborare testi già scritti. Nello stesso arco di tempo scrive infatti altri romanzi: *Una manciata di more* (1952), *Il segreto di Luca* (1956) e *La volpe e le camelie* (1960). Sono gli anni in cui, per la critica italiana, si pone il «caso» Silone dopo la prima ed affrettata valutazione della sua produzione. Sotto lo stimolo delle nuove opere, infatti, la critica presta maggiore attenzione a tutta la sua attività letteraria e si interroga sulla «qualità» della sua scrittura.

Il riconoscimento «ufficiale» del valore letterario della sua opera, però, gli arriva solo nel 1965 con il volume *Uscita di sicurezza*, una raccolta di saggi, interventi e racconti, in parte già editi. Al libro, escluso dal Premio Viareggio, viene infatti conferito, grazie all'intervento di numerosi critici sulla stampa, il Premio Marzotto.

Nel 1968 il conflitto tra il singolo individuo e le istituzioni trova forse la sua più drammatica espressione ne *L'avventura di un povero cristiano*. Anche questa volta i consensi sono pressoché unanimi. Tra l'altro, nel settembre dello stesso anno, al libro verrà conferito il Premio Campiello.

Gli ultimi interventi

Negli anni Sessanta, nonostante le fatiche letterarie, Silone non trascura l'impegno politico. Attraverso i suoi interventi, lo scrittore esercita un'attenta critica delle ideologie denunciando la trasformazione delle istituzioni e l'involuzione dei partiti democratici in strumentali rifacitori di masse. La sua attenzione in quegli anni si rivolge soprattutto ai pericoli insiti nel « progressismo » e alle conseguenti responsabilità degli intellettuali che sono chiamati a un impegno continuo contro ogni forma di totalitarismo. Ormai, di fatto, la concezione politica dello scrittore si incentra sempre più sul valore e la dignità della persona umana che va difesa contro tutti i meccanismi che l'opprimono: il suo è un socialismo libertario ispirato alla fede nell'uomo.

Negli anni Settanta gli interventi in pubblico di Silone si fanno molto rari. Egli cerca di scrivere ancora, ma l'ultimo suo romanzo, *La speranza di suor Severina*, è lasciato incompiuto e sarà pubblicato postumo dalla moglie Darina. Silone muore, dopo una grave malattia, in condizioni di estrema solitudine e quasi di indigenza a Ginevra, dove era in cura, il 22 agosto 1978.

2
LE OPERE

I LIBRI DELL'ESILIO

La lunga esperienza dell'esilio ha avuto una grande influenza sulla formazione culturale ed umana di Silone e corrisponde a una fase particolare del suo lavoro di scrittore, tanto che a proposito della sua produzione si può parlare di testi scritti durante e dopo l'esilio. Il progressivo lavoro di revisione che Silone ha operato sui primi, al suo rientro in Italia, ha reso, tuttavia, senz'altro meno evidente stilisticamente questa demarcazione. Essa rimane, invece, ancora valida per quanto riguarda lo sfondo e la cronologia dell'ambientazione. Le opere scritte in esilio (i romanzi *Fontamara*, *Pane e vino*, *Il seme sotto la neve*, nonché il saggio in forma di dialogo *La scuola dei dittatori*) mantengono infatti inalterato lo scenario della narrazione: il periodo della dittatura fascista, seppure in anni diversi.

Fontamara

Fontamara, che segna l'esordio letterario di Silone, fu scritto nel 1930, a Davos, in Svizzera, nel momento in cui la crisi morale e politica dell'autore stava per risolversi nella rottura definitiva con il Partito comunista.

La vicenda editoriale dell'opera fu abbastanza complessa[1]. Silone, infatti, per la sua condizione di esiliato, non poteva certamente pensare a un'edizione in Italia. Si rivolse allora agli ambienti dell'emigrazione politica che tuttavia, interessati soprattutto alla produzione saggistica, erano restii ad occuparsi di un romanzo. L'unica possibilità appariva quella di una traduzione, ma la circoscrizione della trama a un piccolo paese dell'Abruzzo sembrava avallare l'improponibilità del romanzo nel mercato europeo. Scrive in proposito Gaetano Salvemini in una lettera a Silone datata Parigi, 2 ottobre 1931:

> Tradurlo mi pare impossibile. È stato già necessario tradurre i fatti... in italiano. Come tradurli dall'italiano in francese e in inglese? Il racconto è così aderente ai fatti, e i fatti sono così lontani dall'esperienza di chi non è italiano, e anche di molti italiani, che una sua traduzione è impossibile. Come tradurre per esempio i nomi propri e i soprannomi?
>
> Bisognerebbe pubblicare il racconto in italiano. Ma dove trovare un editore? Le case editrici italiane – le chiamo così per modo di dire – che stanno all'estero e che pubblicherebbero quel lavoro, sono tutte poverissime. Se domani cadesse il fascismo si troverebbero in Italia dieci editori che pubblicherebbero e pagherebbero bene quel racconto. Ma oggi, all'estero, chi avrebbe denaro da rischiare in un libro che si venderebbe pochissimo, perché gli italiani all'estero leggono poco, anche meno che in Italia?[2]

Silone intanto si spostava a Zurigo. Proposto all'ambiente ben più dinamico e culturalmente vivo della Zurigo di quegli anni, il manoscritto di *Fontamara* beneficiò di un maggiore interesse. Molti lettori, amici e conoscenti di Silone iniziarono senz'altro a pensare a pubblicarlo. Il libro, di fatto, venne tradotto in tedesco e trovò una sua prima collocazione editoriale nel 1933 in un'edizione svizzera a spese dell'autore, sostenuto da 800 sottoscrizioni. Fu l'inizio di uno dei più clamorosi successi editoriali del Novecento. Il libro ebbe, infatti, una rapida quanto inattesa diffusione in tutto il mondo e fu tradotto in ben 27 lingue: tra il 1934 e il 1935 apparvero le edizioni americana, inglese, francese, olandese, fiamminga, ceca, polacca, ebraica, brasiliana, argentina, paraguense, cilena, danese, norvegese, svedese, finlandese, croata, rumena, ungherese, russa. Inoltre, nello spazio di appena un triennio, il libro « uscì a puntate su ben quattordici riviste e giornali elvetici e fu perfino sceneggiato liberamente per il teatro e per la radio (in Polonia, in Cecoslovacchia e, più tardi, in Inghilterra e negli Stati Uniti) »[3]. Si stima che, a tutt'oggi, del libro siano state vendute oltre due milioni di copie.

Fontamara, del resto, destò immediatamente anche l'interesse dell'ambiente letterario. Critici e scrittori del valore di Jacob Wasserman, Graham Greene ed Edmund Wilson furono favorevolmente impressionati dall'opera. Anche Trotzkij, tra i primi lettori del libro, in una lettera manifestò a Silone il suo compiacimento[4].

In Italia il romanzo fu edito solo nel dopoguerra. Esso apparve prima a puntate sul settimanale « Il Risveglio » nel 1945, poi nella veste editoriale della casa editrice Faro (1947) e, infine, nel 1949, nella nuova, definitiva edizione, completamente riveduta, presso Mondadori. Di questa ultima furono poi curate ulteriori traduzioni, anche nei paesi ove *Fontamara* era già stato pubblicato con successo.

La critica italiana accolse con poco interesse il romanzo e, anzi, la prima edizione « passò pressoché inosservata »[5]: iniziava così a delinearsi quella disparità di favore e di giudizio con l'eco e il consenso dell'opera di Silone all'estero che provocherà poi in Italia, negli anni Cinquanta, l'acceso dibattito sul caso Silone.

Gli « strani fatti » narrati nel libro si svolgono a Fontamara, nome scelto dall'autore per indicare

un antico e oscuro luogo di contadini poveri situato nella Marsica, a settentrione del prosciugato lago di Fucino, nell'interno di una valle, a mezza costa tra le colline e la montagna[6].

L'azione narrata si svolge in una sola stagione: l'estate di un non precisato anno, presumibilmente il 1929, se si dà valore alla *fictio* con cui l'autore, nella prefazione, afferma di aver ricevuto le notizie relative ai fontamaresi da tre cafoni di quella contrada, due uomini e una donna, in

Svizzera, a Davos, nel 1930 e che tali notizie si riferiscono all'anno precedente. Più importante è, invece, collocare la vicenda nel clima di consolidamento del potere fascista in Italia, quando anche una località periferica come la supposta Fontamara sperimenta, accanto agli antichi mali della miseria, i nuovi soprusi legati al regime dittatoriale.

La trama

Il 1° giugno gli abitanti di Fontamara si ritrovano al buio: l'erogazione della luce è stata infatti sospesa in seguito al mancato pagamento delle bollette. La sera stessa giunge un forestiero, un certo cavalier Pelino, che, dopo ripetuti tentativi, riesce a convincere un gruppo di fontamaresi radunati in un'osteria a firmare, in vista di una petizione, un foglio bianco su cui viene trascritto anche il nome degli altri fontamaresi.

La mancanza della luce e la visita dello straniero sono, per i cafoni di Fontamara, un antefatto curioso ma premonitore, che segna l'inizio di varie disgrazie. Il giorno dopo, infatti, all'alba, alcuni contadini che scendono al piano per andare al lavoro si accorgono che un gruppo di cantonieri con pale e picconi sta deviando il corso dell'unico tratto d'acqua che irriga i campi verso il podere di don Carlo Magna, un ricco proprietario del capoluogo. Un ragazzo torna indietro per dare l'allarme, ma gli uomini sono già tutti al piano, intenti ai lavori nei campi: tocca così alle donne stabilire il da farsi. Alla fine esse decidono di raggiungere il capoluogo per avvertire il sindaco dell'accaduto. L'arrivo delle donne suscita, dopo i primi timori, lo scherno e la derisione di tutti. Le fontamaresi hanno così modo di scoprire che la prima autorità cittadina non è più il sindaco ma il podestà, nella fattispecie un forestiero arricchitosi in breve tempo e soprannominato, per il suo spiccato senso degli affari, l'Impresario. Questa, però, non è che la prima di altre sorprese per le povere donne di Fontamara: la terra su cui è stato deciso di deviare il corso d'acqua, infatti, non appartiene più a don Carlo Magna ma allo stesso Impresario. Esasperate dalle lunghe ore di cammino e da un penoso quanto inutile andirivieni tra il palazzo municipale, la casa di don Carlo Magna e la villa dell'Impresario, le donne, vedendo che nessuno le ascolta, iniziano a protestare. Finalmente l'Impresario decide di dar loro udienza e le fontamaresi fanno così un'altra amara scoperta: la petizione di firme del cavalier Pelino non era che uno stratagemma per carpire con l'inganno ai loro mariti il consenso alla deviazione del ruscello. Le nuove, infocate proteste delle donne vengono interrotte dall'intervento di don Circostanza, ex sindaco e avvocato opportunista. Don Circostanza si atteggia a difensore del popolo, ma in realtà ne sfrutta a proprio favore l'ingenuità e il bisogno. Anche in questa occasione, infatti, finge di tutelare gli interessi delle donne proponendo loro di lasciare al podestà i tre quarti del ruscello e di serbare per sé i tre quarti dell'acqua restante. Il patto viene rapidamente sottoscritto e le donne si rimettono in cammino per tornare a casa: in realtà nessuna di loro « aveva capito in che consistesse quell'accordo ». Così, nei giorni seguenti i cantonieri, sotto la protezione di due guardie armate, riprendono a lavorare tra lo scetticismo e le perplessità dei cafoni.

Alla vicenda collettiva dei fontamaresi si intreccia la storia personale di Berardo Viola, un cafone ribelle e sfortunato, privo di terra, che per la sua estrema povertà non può sposare Elvira, la donna di cui è innamorato.

Una domenica mattina arriva a Fontamara un camion guidato da un milite fascista che ha l'ordine di prelevare i contadini e condurli ad Avezzano per ascoltare le decisioni del governo sulla questione del Fucino. Da anni, infatti, i fontamaresi sperano in una ridistribuzione delle terre della conca prosciugata, ben più fertili di quelle sassose e impervie della montagna, che tenga conto anche dei loro diritti. La loro speranza, però, è ancora una volta frustrata. Essi sono stati chiamati solo per assistere alla cerimonia ufficiale e la ridistribuzione invece avviene senza la loro partecipazione: le terre sono assegnate a chi ha i capitali sufficienti per coltivarle.

Disillusi, amareggiati per l'ulteriore beffa, i fontamaresi si dirigono verso il camion per ripartire, ma non lo trovano. Sono così costretti a rifare a piedi « assetati, affamati e col fiele nell'anima » la strada che al mattino avevano percorso in camion « pieni di speranza ».

Le ingiustizie che i cafoni di Fontamara sono costretti a subire non sono ancora finite. Tra i fatti strani di quella estate vi è anche l'acquisizione arbitraria da parte dell'Impresario di un pezzo di trattturo, un terreno, cioè, che da secoli è a disposizione della collettività per il transito delle greggi. Un giorno, infatti, il Comune fa costruire attorno al pezzo di trattturo una staccionata di legno che viene però bruciata. Fatta ricostruire, essa è ancora una volta data alle fiamme. Una sera, sull'imbrunire, quando gli uomini non sono ancora tornati dai campi, alcune squadre di fascisti fanno irruzione a Fontamara terrorizzando donne, vecchi e bambini con spari e stupri. Berardo, per vegliare su Elvira che stenta a riprendersi, passa la notte in casa di lei compromettendola agli occhi dei compaesani. A quel punto, il giovane decide di mettere da parte l'orgoglio e di pensare anche lui come gli altri ai « fatti suoi ». Si reca allora da don Circostanza, l'amico del popolo, per chiedergli di aiutarlo ad andare a lavorare a Roma.

Intanto arriva il giorno della divisione dell'acqua del ruscello. I cafoni accorrono in gran numero ma, scoraggiati dalla presenza dei carabinieri e dall'assenza di Berardo ormai deciso a non compromettersi, devono assistere impotenti all'ennesima truffa: il livello di acqua destinato ai fontamaresi si abbassa fino a scomparire del tutto.

Berardo parte per Roma assieme al figlio di Giuvà, ma ancora una volta la loro speranza di riscatto si trasforma in un'amara presa di coscienza. I due vagano di ufficio in ufficio per le strade della capitale nella sterile ricerca di una sistemazione. Non serve neanche l'ulteriore ricorso, a pagamento, ad un altro avvocato, tale Achille Pazienza. Berardo viene infatti a scoprire che contro di lui esiste un certificato del podestà che attesta la sua « condotta pessima dal punto di vista nazionale » e che gli pregiudica ogni possibilità di lavoro. Intanto da Fontamara giunge la notizia della morte di Elvira: per Berardo è la fine di ogni illusione. I due fontamaresi vengono arrestati, assieme a un giovane di Avezzano, dalla polizia che ricerca il Solito Sconosciuto, un antifascista che diffonde manifesti clandestini.

In carcere avviene la conversione politica di Berardo che si accusa di essere il Solito Sconosciuto. Consapevole di poter essere il primo cafone a non morire per sé ma per gli altri, Berardo resiste alle violenze cui viene sottoposto durante gli interrogatori e alla fine muore. Al figlio di Giuvà viene imposto di avallare la versione ufficiale del suicidio in cambio della libertà. Il giovane può così tornare al proprio paese e raccontare l'accaduto. I fontamaresi decidono allora di stampare un giornale, « Che fare? », attraverso il quale divulgare la verità sulla morte di Berardo. Fontamara è però di nuovo assalita dalle squadre fasciste che saccheggiano il paese provocando morti e feriti. Dall'eccidio si salvano Giuvà, Matalé e il loro figliuolo: i tre decidono, dopo tante pene, di rifugiarsi in Svizzera.

Il romanzo è suddiviso in dieci capitoli preceduti da una prefazione. La tecnica narrativa è quella di un io narrante che non è sempre lo stesso. La *fictio* escogitata da Silone, infatti, è una storia narrata in prima persona da una famiglia di cafoni (Giuvà, Matalé e il loro figlio), testimoni oculari degli « strani fatti » accaduti a Fontamara. Così, marito e moglie si rimandano più volte il dettato della narrazione. Il figlio, invece, narra direttamente solo una volta. Alcune volte il rimando avviene esplicitamente:

> Il resto, se vuole, può raccontarvelo mio marito[7].
> Quello che seguì, lo racconterà mio figlio[8].

Attraverso questa tecnica narrativa, Silone vuol rendere più palese la finalità che si è imposto: dar voce ai cafoni della sua terra facendo in modo che essi denuncino i soprusi di cui sono vittime. Tale espediente è forse un po' artificioso, ma certamente risponde al bisogno dell'autore di « tradurre » in lingua italiana una storia di cafoni.

Le tre voci narranti parlano sempre a nome degli altri fontamaresi: non sono dunque semplici personaggi ma *testimoni* che prendono parte alla storia collettiva della loro comunità. Ne deriva una narrazione corale, accentuata dall'estensione, linguisticamente rilevante, dell'io narrante nel pronome personale plurale *noi*. Il *noi*, come ha osservato P. Spezzani, « invade il piano di referenza della narrazione nel romanzo »[9] e la ridondanza del pronome collettivo nell'economia del libro sta ad indicare l'appartenenza a un mondo, una classe, una etnia (i cafoni) in contrapposizione con l'intera società dominante (i cittadini, i galantuomini, l'autorità statale). Soprattutto l'antitesi cafone/cittadino:

> è assunta emblematicamente dall'autore come segno di incomunicabilità assoluta di linguaggio e di cultura, fra le due categorie di attori introdotte nell'opera. L'antitesi dei

due termini configura nel romanzo un'opposizione di linguaggio, di educazione e di cultura fra chi detiene e fra chi è completamente soggetto al potere, fra chi occupa una posizione di prestigio nella società in cui è inserito, e chi, come dice Michele Zompa (uno dei cafoni) nel primo capitolo conta nella società "meno di nulla"[10].

In tale contesto antagonistico neanche l'autore può rimanere neutrale e descrivere i fatti da un punto di vista esterno alla storia. Lo slittamento dall'*io* al *noi* nella prefazione ancora una volta sancisce questo processo di identificazione collettiva:

> La seconda avvertenza è: in che lingua *devo* adesso raccontare questa storia?
> A nessuno venga in mente che i fontamaresi parlino l'italiano. La lingua italiana è per *noi* una lingua imparata a scuola, come possono essere il latino, il francese, l'esperanto. La lingua italiana è per *noi* una lingua straniera, una lingua morta, una lingua il cui dizionario, la cui grammatica si sono formati senza alcun rapporto con *noi*, col *nostro* modo di agire, col *nostro* modo di pensare, col *nostro* modo di esprimerci[11].

Il passaggio dalla prima persona singolare a quella plurale non è, per altro, soltanto segno di un'appartenenza, ma anche di una presa di posizione e di un compito fondamentale che Silone si è assunto come scrittore. Egli è consapevole dell'estraneità della lingua italiana alla vita dei fontamaresi, ma è altresì convinto che il ricorso al dialetto pregiudicherebbe la fruizione del libro. Pertanto, risolve il problema traducendo gli « strani fatti » in italiano, o meglio servendosi del lessico italiano e mantenendo inalterata la struttura della lingua parlata dai fontamaresi. Per realizzare questo particolare linguaggio lo scrittore utilizza periodi molto brevi e semplici, spesso formati da una sola frase: la paratassi è, del resto, il modulo espressivo caratteristico dei racconti popolari. Il linguaggio di *Fontamara*, tuttavia, non si pone sul piano realistico della pura denotazione, perché è continuamente arricchito dal ricorso all'immagine incisiva ed efficace e alla scrittura sentenziosa e motteggiante attraverso allegorie ed *exempla*. Il risultato è una mimesi efficacissima del linguaggio parlato dai cafoni attuata mediante il ricorso indiretto a strutture linguistiche, e non a un lessico, dialettali.

Il carattere non denotativo della scrittura di Silone, tra l'altro, è evidenziato

> dall'utilizzazione retorica, oltre che delle differenti figure di ripetizione, della sinonimia, della gradazione, e anche dell'amplificazione, categorie di mezzi retorici che contribuiscono a graduare il livello di intensità emotiva della maggior parte delle sequenze narrative[12].

Così, nel romanzo, Silone fa spesso uso della ripetizione di tipo anaforico riprendendo più volte lo stesso termine o gruppo di parole (verbo, sostantivo, aggettivo, congiunzione, locuzione avverbiale), come appare dai seguenti esempi:

> Gli *feci* dunque *capire* che non eravamo idioti. Gli *feci capire* che avevamo compreso...[13].

> Vi erano alcune donne che *si lamentavano*; donne è inutile fare i nomi, sedute per terra, davanti alle loro case, che allattavano i loro figli, o li spidocchiavano, o facevano la cucina, e *si lamentavano* come se fosse morto qualcuno. *Si lamentavano* per la sospensione della luce, come se la miseria, al buio, fosse per diventare più nera[14].

> (...) e subito *dopo* sopravvenne Losurdo con l'asina che aveva portato alla monta; *e dopo* venne anche Ponzio Pilato con la pompa per insolfare sulla schiena; *e dopo* arrivarono Ranocchia e Sciarappa che erano stati a potare; *e dopo* arrivarono Barletta, Venerdì Santo...[15].

Il più delle volte questa tecnica di gradazione del discorso è realizzata attraverso una scansione binaria o ternaria degli enunciati narrativi. Non mancano, tuttavia, ripetizioni di elementi ancora più ridondanti:

> *Gente* fiacca e, di giorno, vile. *Gente* servizievole verso i proprietari, ma a patto di avere l'immunità nelle cattiverie contro i poveri. *Gente* senza scrupoli. *Gente* che una volta

veniva da noi a portarci gli ordini di don Circostanza per le elezioni e ora veniva con i fucili per farci la guerra. *Gente senza famiglia, senza onore, senza fede, gente* infida, poveri ma nemici dei poveri[16].

La mimesi del parlato dialettale è ottenuta anche mediante l'inserimento di veri e propri aneddoti popolari con tanto di conclusione esemplare e morale. Si pensi ad esempio al racconto di Michele Zompa sui pidocchi, in cui la storia si sviluppa in forma drammatica attraverso la reiterata contrapposizione dei due antagonisti « il Crocifisso diceva... Il papa rispondeva... » risolta ironicamente dal gesto finale del papa:

Allora il papa si sentì afflitto nel più profondo del cuore, prese dalla bisaccia una nuvola di pidocchi di una nuova specie e li lanciò sulle case dei poveri, dicendo: « Prendete, o figli amatissimi, prendete e grattatevi. Così nei momenti di ozio, qualche cosa vi distrarrà dai pensieri del peccato »[17].

Simili intermezzi hanno il più delle volte la funzione di parabole che rendono manifesta, allegoricamente, la condizione dei cafoni:

E Michele pazientemente gli spiegò la nostra idea:
« In capo a tutti c'è Dio, padrone del cielo. Questo ognuno lo sa.
« Poi viene il principe Torlonia, padrone della terra.
« Poi vengono le guardie del principe.
« Poi vengono i cani delle guardie del principe.
« Poi, nulla.
« Poi, ancora nulla.
« Poi, ancora nulla.
« Poi vengono i cafoni.
« E si può dire ch'è finito. »
« Ma le autorità dove le metti? » chiese ancora più irritato il forestiero.
« Le autorità » intervenne a spiegare Ponzio Pilato « sì dividono tra il terzo e il quarto posto. Secondo la paga. Il quarto posto (quello dei cani) è immenso. Questo ognuno lo sa »[18].

Eloquente, in questo senso, è il racconto della «vera vita di San Giuseppe da Copertino, come nei nostri paesi si tramanda di padre in figlio», tipico esempio di agiografia popolare[19].

Dicerie e aneddoti che circolano tra i cafoni danno anche ragione di certi nomi o soprannomi, come quello di don Carlo Magna:

> Costui appartiene a una delle più vecchie famiglie della nostra contrada, ora, per colpa sua, assai decaduta, ed è chiamato così perché alla domanda: «Si può parlare con don Carlo? È in casa don Carlo?» la serva risponde, per lo più: «Don Carlo? magna. Se volete», aggiunge sempre «potete parlare con la padrona». In quella casa, infatti, adesso chi comanda è la donna[20].

Per quanto riguarda il ricorso a forme propriamente dialettali, esso è assai limitato. Se, ad esempio, i nomi di persona seguono la fonologia dialettale (Giuvà, Matalé, Carmé...), le strutture lessicali e morfosintattiche sono raramente dialettali; si veda, ad esempio, il caso di alcuni verbi transitivi preceduti dalla preposizione *a*, secondo un'abitudine tipicamente meridionale: «*a voi* nessuno vi ha invitato»; «aspettano proprio *a noi*»[21].

I cognomi che designano i cafoni denotano palesemente l'origine popolare di chi li possiede. Essi, a volte, derivano da un nome comune di largo uso (Braciola, Cipolla, Palummo, Ranocchia, Scarpone, La Zappa...); altre volte, invece, sono collegati a particolarità fisiche della persona (Lo Surdo, Testone...). All'onomastica popolare dei cafoni di tipo realistico si contrappone quella simbolica e caricaturale di chi detiene il potere: Innocenzo la Legge, Il Cavalier Pelino, don Carlo Magna, L'Impresario, don Circostanza, don Abbacchio. In questo caso l'aggettivo, il sostantivo o il verbo che designano o accompagnano il nome mettono immediatamente in evidenza un aspetto prevalente, e negativo, del carattere del personaggio cui è riferito.

Un'altra caratteristica del linguaggio siloniano in *Fontamara* è il ricorso frequente alla similitudine. Questo artificio retorico, nel caso di Silone, non è giustificato da un'esigenza di arricchimento estetico della narrazione, ma dal bisogno di rendere concreta ogni affermazione instaurando una serie di analogie tra l'uomo e il mondo naturale con cui il contadino è quotidianamente in relazione. In particolare sono gli animali i termini di confronto più uguali per il comportamento degli uomini:

> Aveva una faccia delicata, rasata, una boccuccia rosea *come un gatto*[22].

> Con quei carabinieri, due innanzi e due indietro, eravamo *come un armento catturato e requisito*[23].

> Andavamo avanti *come un branco di pecore con la lingua fuori*[24].

> E così Berardo dovè rimanere a Fontamara, *come un cane sciolto dalla catena*[25].

> Giuditta fu presa dalle convulsioni. Attorno a essa noi eravamo *come un branco di capre impazzite*[26].

> A ogni fontana Berardo si fermava per bere *come i nostri asini al mattino camminando al Fucino*[27].

L'accostamento uomo/animale permette, infatti, di rimarcare la sofferenza come caratteristica connaturata alla condizione di cafone: la vita del fontamarese è come quella di un animale e, dunque, è una vita bestiale. La stessa presenza costante del sole nel paesaggio fontamarese (il tempo del racconto è l'estate) mette maggiormente in evidenza l'ostilità di un ambiente in cui lavorare la terra richiede un estremo, e spesso vano, sacrificio.

Frequenti, nel romanzo, sono le connotazioni ironiche con cui Silone sottolinea l'ingenuità dei contadini o il loro sterile pensare ai « fatti propri ». Ogni membro delle famiglie di Fontamara, infatti, è in più occasioni invitato a non immischiarsi nelle vicende altrui, secondo un codice comportamentale fortemente individualistico che rende ancora più deboli i cafoni, perché, anziché solidarizzare tra loro, finiscono per farsi la guerra del povero. Silone mette ironicamente e comicamente in evidenza questo aspetto della psicologia dei suoi personaggi nelle pagine in cui le squadre fasciste sottopongono i fontamaresi a una sorta di « esame »:

> Noi eravamo tutti nella stessa piazzetta ed eravamo nati tutti a Fontamara; ecco che cosa c'era di comune tra noi cafoni, ma niente altro. Oltre a questo, ognuno pensava al caso suo; ognuno pensava al modo di uscire, lui, dal quadrato degli uomini armati e di lasciarvi magari gli altri; ognuno di noi era un capo di famiglia, pensava alla propria famiglia (...). Così cominciò l'esame.
> Il primo a essere chiamato fu proprio Teofilo il sacrestano.
> « Chi evviva? » gli domandò bruscamente l'omino con la fascia tricolore.
> Teofilo sembrò cadere dalle nuvole.
> « Chi evviva? » ripeté irritato il rappresentante delle autorità.
> Teofilo girò il volto spaurito verso di noi, come per avere un suggerimento, ma ognuno di noi ne sapeva quanto lui (...).
> « Scrivi accanto al suo nome: "refrattario". »
> Teofilo se ne andò assai costernato. Il secondo a essere chiamato fu Anacleto il sartore.
> « Chi evviva? » gli domandò il panciuto.
> Anacleto che aveva avuto il tempo di riflettere rispose:
> « Evviva Maria. »
> « Quale Maria? » gli chiese Filippo il Bello.
> Anacleto rifletté un po', sembrò esitare e poi precisò:
> « Quella di Loreto. »[28]

L'unico cafone deciso a infrangere questa mentalità egoistica che porta a pensare solo a sé e al proprio nucleo familiare è Berardo, l'unico vero personaggio nella coralità della narrazione. Contadino senza terra, Berardo rappresenta l'eccezione al prototipo del lavoratore paziente e remissivo: facile ad accendersi, passionale e viscerale, reagisce ad ogni sopruso in maniera drastica e immediata e vive dunque già *in fieri* il suo destino di fuorilegge, di uomo rassegnato a scontrarsi, prima o poi, con il sistema.

Il ritmo del racconto è lento e cadenzato. Le frequenti contrapposizioni tematiche (cafoni/cittadini-autorità-onorata società) e linguistiche (l'uso dell'antitesi, in primo luogo) e le figure di ripetizione spingono l'azione verso una forma drammatica di teatralizzazione. Il ritmo che ne deriva e che dà compattezza alla narrazione, dà l'impressione di interrompersi nell'ultima parte: l'incontro con il Solito Sconosciuto, la prigionia di Berardo, il suo sacrificio, la scelta dei fontamaresi di redigere un giornale e il loro eccidio sembrano susseguirsi troppo in fretta senza trovare un'intima necessità narrativa. Le ultime pagine sembrano perciò rispondere a una soluzione *a posteriori* dell'autore per sottolineare il significato palingenetico della morte di Berardo che *deve* essere dimostrativamente (e moralisticamente) il primo cafone a morire non per sé ma per gli altri. Del resto, anche nel caso della morte di Elvira il dramma non sembra affatto scavato nella coscienza, ma risulta essere in funzione del riscatto del protagonista. A dimostrazione di ciò si pensi ad Elvira che prega la Vergine per la salvezza di Berardo ed in cambio le offre l'unica cosa che possiede – la vita – « senza esitazione, senza rimpianto, senza sottintesi »[29]. In questo passo, non a caso, il tentativo di tradurre in termini narrativi il linguaggio dei cafoni sembra fallito o, per lo meno, non è felice come in altre occasioni, giacché dà luogo a una banale retorica dei sentimenti. Anche il personaggio del Solito Sconosciuto sembra piuttosto estraneo all'atmosfera più congeniale al racconto.

Ben più efficace, in rapporto a queste pagine, risulta, nella sua epicità popolare, la discesa delle fontamaresi al capoluogo alla ricerca di giustizia. Si pensi al loro goffo reclamarla e al loro accapigliarsi tra gli insulti e l'ironia dei cittadini e dei notabili del capoluogo: sono pagine il cui tono ironico e amaro, triste e comico assieme, dà un timbro quasi grottesco e un colore tutto particolare alle variegate espressioni della narrazione.

Pane e vino

Pane e vino fu scritto nel 1935-36 in gran parte a Zurigo e, come *Fontamara*, apparve prima in traduzione tedesca, nel 1936, col titolo *Brot und Wein*. Il romanzo uscì in lingua originale l'anno dopo, in una edizione curata dall'autore stesso (Edizione italiana per l'emigrazione, Lugano, 1937).

Il successo del romanzo non fu inferiore a quello di *Fontamara*. *Pane e vino*, infatti, ebbe rapida diffusione e fu tradotto in diciannove lingue (è stato inciso anche con il metodo Braille, in tedesco). Il pubblico italiano ha potuto conoscerlo solo nel 1955, data della prima pubblicazione in Italia (Milano, Mondadori). L'edizione italiana, completamente riveduta, fu intitolata *Vino e pane*: su di essa furono curate le nuove traduzioni.

La trama

Don Benedetto, sacerdote ed ex professore di latino e greco, vive, ormai vecchio, in solitudine con la sorella Marta nella sua casetta al di sopra di Rocca dei Marsi « tra i suoi vecchi libri e l'orto », nel disprezzo di ogni ipocrisia e nell'amore di Dio.

È il 1935 e don Benedetto, nel giorno del suo compleanno, aspetta alcuni suoi ex allievi invitati dalla sorella per festeggiarlo. Arrivano, però, soltanto Concettino Ragù, ufficiale della milizia, e Nunzio Sacca, medico condotto. Ad essi si aggiunge, poco dopo, don Piccirilli, parroco della zona.

Ben presto tra il vecchio e orgoglioso maestro, fermamente legato ai suoi princìpi morali, e i suoi allievi, ormai inseriti nello stato fascista e desiderosi di difendere solo il loro *status* sociale, emerge un forte dissenso. Il discorso cade poi sugli altri compagni di classe, in particolare su Pietro Spina, costretto all'esilio per motivi politici. Quando i giovani si accomiatano dal loro professore, Concettino Ragù confessa a Nunzio Sacca che Pietro Spina è stato segnalato in Italia.

Un giorno all'alba, Nunzio Sacca viene chiamato d'urgenza al capezzale di un ammalato, ma giunto sul posto, accompagnato da un giovanotto di Acquafredda, Cardile Mulazzi, scopre che il malato altri non è che Pietro Spina.

Dopo un serrato ed acceso colloquio, il medico decide di aiutare il suo compagno di classe.

Pietro trascorre ancora alcuni giorni nella stalla di Cardile, finché Nunzio gli propone un rifugio più sicuro a Pietrasecca, una contrada isolata e quindi lontana da ogni pericolo: Pietro, però, per non destare sospetti e sottrarsi alle domande dei curiosi, dovrà assumere l'identità di don Paolo Spada, un sacerdote costretto, per motivi di salute, a un periodo di convalescenza fuori diocesi.

Il viaggio non è privo di difficoltà, soprattutto per l'equivoco legato al travestimento. Così Pietro-don Paolo mentre pernotta in un albergo a Fossa dei Marsi è chiamato al capezzale di una giovane. Di fatto, l'albergatrice, la vedova Berenice Girasole, dopo averne vinto la resistenza, riesce a convincere il falso sacerdote a portare l'estremo conforto alla figlia Bianchina che versa in gravi condizioni per le conseguenze di un aborto. Commosso, Pietro non esita a dare il perdono che la ragazza invoca, condannando quella società che l'ha costretta a scegliere « tra la morte e il disonore ».

L'indomani Pietro giunge a Pietrasecca e prende alloggio nell'unica locanda del paese, gestita da Matalena Ricotta. Il soggiorno nel piccolo villaggio provoca al giovane nuove difficoltà per le pressanti richieste di somministrazione dei sacramenti che gli vengono rivolte, in quanto il paese è privo di sacerdote. Pietro riesce in qualche modo a schernirsi, ma un giorno una contadina gli ingiunge di benedire il bambino che aspetta minacciando di uccidersi: Pietro è così costretto a benedire il ventre della donna e a ricevere in cambio una gallina. La vita del finto sacerdote diventa sempre più intollerabile. Un giorno arriva a Pietrasecca Bianchina che, ormai pienamente ristabilita, attribuisce tutto il merito alle parole di don Paolo che hanno avuto un effetto miracoloso. Esasperato, Pietro decide di recuperare i contatti con l'organizzazione clandestina del partito: affida perciò un messaggio segreto a Bianchina chiedendole di andare a Roma e di consegnarlo a suo nome. Intanto conosce Cristina Colamartini, figlia dell'unica famiglia patrizia del paese. I due si sentono reciprocamente attratti: Cristina intende entrare in convento e trova naturale confidare le sue difficoltà a un prete. Pietro vorrebbe farle capire che la vita claustrale è un modo per eludere le proprie responsabilità, ma il suo ruolo gli impone prudenza e gli impedisce di rivelarsi a Cristina. Tuttavia, l'irruenza di alcuni giudizi del giovane provoca un momentaneo distacco tra i due.

Pietro cerca di comunicare con i cafoni di Pietrasecca, ma si rende ben presto conto che il messaggio marxista-leninista risulta estraneo alla loro cultura. Tuttavia, superato l'iniziale sconforto, si preoccupa di trovare un linguaggio semplice e concreto che gli permetta di entrare in relazione con i contadini.

Pietro Spina, recatosi a Fossa, rivede Cardile da cui apprende che non è più possibile contare sull'appoggio di Nunzio. Bianchina, di ritorno da Roma, gli consegna un plico sigillato: dentro vi sono tre relazioni sul Partito comunista sovietico per le quali si chiede il suo assenso. Pietro decide di partire per Roma e, una volta arrivato alla stazione della capitale, riassume la sua vera identità. Dopo aver rivisto l'amico Romeo per trovare appoggi per la riorganizzazione della lotta clandestina nella zona del Fucino, si incontra con Battipaglia, segretario interregionale del partito. Quando Pietro ammette di aver bruciato le relazioni inviategli dal partito poiché si rifiuta di giudicare le questioni che sfuggono alla sua esperienza, tra i due si accende un diverbio. Sancita l'irrimediabile rottura, Pietro cerca di mettersi in contatto con alcuni abruzzesi che si sono allontanati dai gruppi operativi, ma il suo colloquio con Uliva è inutile, e vano è anche il suo tentativo di contattare Luigi Murica. Scoraggiato, Pietro Spina riprende le vesti di don Paolo Spada e fa ritorno a Fossa dove fervono i festeggiamenti per la guerra d'Etiopia. Esasperato per il conformismo generale con cui tutti accolgono l'entrata in guerra, ricopre i muri di scritte in favore della pace.

Pietro, ormai caduto in uno stato di debilitazione fisica e morale, decide di incontrarsi con don Benedetto. L'incontro con il vecchio professore è toccante ma è bruscamente interrotto dall'arrivo di don Piccirilli. Il giovane fa così ritorno a Pietrasecca, mentre don Benedetto intrattiene l'inatteso ospite.

Un giorno Pietro vede arrivare al suo alloggio Luigi Murica, lo studente che ha invano cercato a Roma: è stato don Benedetto a suggerire l'incontro. Luigi racconta a don Paolo l'esperienza della sua prematura adesione al partito, del suo tradimento e del nuovo più forte convincimento. La sincerità del giovane spinge Pietro a rivelargli la propria identità, ma per giustificare il colloquio con Luigi è costretto a confessare alcuni cafoni. Intanto ha modo di riavvicinarsi a Cristina. La situazione però precipita. Luigi viene arrestato e muore per le percosse che riceve in carcere. Avvertito, Pietro va a rendere l'estremo saluto all'amico nella casa dei Murica. Qui lo raggiunge Bianchina che gli fa sapere che è stato scoperto e che la polizia si sta dando da fare per arrestarlo. Allora Pietro ritorna velocemente a Pietrasecca dove incontra Cristina a cui rivela la vera identità. Prima di partire le consegna le pagine dei suoi dialoghi segreti con lei. Quindi scappa verso le montagne, mentre imperversa una bufera di neve. Cristina decide di raggiungerlo per aiutarlo a districarsi nei sentieri, ma è sorpresa dalla tempesta e aggredita dai lupi.

Pietro Spina è senza dubbio il capostipite più illustre di una serie di personaggi, di carattere certamente autobiografico, coerentemente presenti in tutta l'opera narrativa di Silone. Di fatto, il confronto tra personaggi e autore fa emergere con evidenza il tratto che accomuna emblematicamente Pietro Spina a Silone: ambedue orfani, entrambi sono della Marsica e figli di piccoli proprietari terrieri, hanno avuto ambedue una nonna che si è presa cura della loro educazione e ambedue aderiscono, nel 1921, alla Gioventù socialista. Ma la loro parentela, più ancora che legata a fattori esterni, è soprattutto interiore: entrambi attraversano una grave crisi morale e politica che li porterà ad allontanarsi dal Partito comunista.

La figura di Pietro Spina non sfugge nel romanzo a un certo alone romantico. La prima volta che il personaggio appare nella vicenda è presentato con « gli occhi grandi stralunati nelle occhiaie profonde e la bella fronte spaziosa »[30]. Poco più sotto, dopo che Nunzio ha osservato « attonito e compassionevole » la « testa deturpata » del suo coetaneo, Silone dà di Pietro un'ulteriore descrizione:

> Pietro non era mai stato quello che si dice un bel ragazzo, ma per la sua irruenza e franchezza, il suo viso era spesso illuminato da un fuoco interno che lo rendeva attraente agli occhi delle donne[31].

La prima apparizione di Pietro è però preceduta da alcuni riferimenti che permettono al lettore, in diverse occasioni, di cogliere già alcuni aspetti del carattere del personaggio.

In tal modo si attua una vera e propria strategia della *suspence* (e del mistero) in virtù della quale prima si parla di un personaggio e poi, soltanto dopo che si è creata una certa attesa, l'eroe appare. Nella fotografia-ricordo della scuola Spina ha « un aspetto sparuto, terreo, lo sguardo imbronciato e la cravatta di traverso ». Poco dopo è lo stesso don Benedetto a sottolineare i tratti peculiari della personalità di Pietro:

> Pietro Spina era, in un certo senso, il mio allievo preferito. Voi lo ricordate? Egli non si accontentava di quello che trovava nei libri di testo, era insaziabile, inquieto, e spesso indisciplinato. Egli mi preoccupava, temevo per il suo avvenire. Avevo forse torto? Non so se ricordate le punizioni più gravi da lui ricevute durante gli anni di collegio, furono quasi sempre provocate dalle sue proteste contro dei castighi, secondo lui, immeritati, inflitti a qualche suo compagno. Era uno dei suoi lati del carattere. Egli amava molto, e forse troppo, gli amici. Se i superiori commettevano uno sbaglio, egli protestava. Non c'era nessuna considerazione di opportunità che potesse farlo tacere. È esatto Concettino? Non era così?[32]

Emergono chiare da queste parole le caratteristiche interiori di Pietro: l'impulsività, il senso morale della vita e la tendenza a costringersi, e costringere gli altri, a dar conto sempre alla propria coscienza di ciò che si fa. Pietro Spina, anzi, è prigioniero del suo stesso personaggio fino al punto da essere ossessionato dalla fedeltà al proprio credo. Egli non conosce strade intermedie e per questo il suo modo di manifestarsi è crudo, brusco e a volte crudele: ne consegue uno strano miscuglio di candore e violenza che affascina coloro che entrano in relazione con lui.

In questo suo modo di comportarsi Pietro Spina subisce senz'altro l'influenza di una terra ove non sembrano lecite né le divagazioni né le perifrasi, ma dove tutto è riportato ai nodi essenziali e cruciali della vita. Così, in perfetta osmosi con una terra brulla, fatta « per gli eremiti e non per i turisti », il rischio di Pietro è di eccedere e di cadere nel moralismo: la retorica apologetica, di fatto, è una tentazione sempre in agguato per trasformare il protagonista in un vero e proprio superuomo dell'opposizione, in coscienza morale di un'umanità grigia e mediocre. Silone era consapevole del rischio, e per questo ha sottoposto la prima edizione di *Pane e vino* a un lungo lavoro di revisione. Lo scrittore, infatti, nella prefazione alla nuova edizione americana del '62 (apparsa nel 1969 anche negli Oscar Mondadori) afferma di aver scritto la prima stesura «*ex abundantia cordis*, subito dopo l'occupazione fascista dell'Abissinia e durante i grandi processi di Mosca inscenati da Stalin per distruggere gli ultimi residui dell'opposizione». Quella situazione, a suo dire, ha influito molto sul suo stato d'animo «più proclive all'enfasi, al sarcasmo, al melodramma che a una pacata narrazione»[33] e in effetti, più avanti, egli confessa che lo scrittore «ispirato da un forte senso di responsabilità sociale è più di ogni altro esposto alla tentazione dell'enfasi, del teatrale, del romanzesco, e alla descrizione puramente esteriore delle cose e dei fatti», ma è altresì convinto che se «il patetico non può essere espulso dalla vita umana, per renderlo sopportabile» è utile «accompagnarlo con un po' d'ironia»[34].

Di fatto, è proprio l'intonazione ironica, presente del resto in tutti i romanzi di Silone, a permettere di depistare e capovolgere l'intrinseca inclinazione enfatica e moralistica di Pietro Spina. In altri casi, invece, sono la caparbietà, l'ostinatezza e l'involontaria crudeltà che, proprio in quanto difetti, rendono il personaggio più umano. L'irruenza, poi, rappresenta a volte il limite politico di Pietro Spina, ma anche la sua salvezza da un eccesso di freddezza e di cinismo nel valutare gli eventi. Egli partecipa con passione ai fatti che vive e che per lui non sono semplici accadimenti: essi lo coinvolgono non soltanto sul piano politico e sociale ma anche su quello dell'interpretazione simbolica, e sono anche segni da disvelare, cifre di un destino e di una vocazione cui l'uomo non può sottrarsi: può solo riconoscerne la presenza e accettare la pienezza delle loro implicazioni.

Nel romanzo vi è un altro parallelismo possibile per il

protagonista, oltre quello con l'autore, ed è quello con Cristo. Pietro Spina, infatti, non ha fissa dimora e, come afferma don Benedetto, questa non è una prerogativa del suo allievo ma:

> è una vecchia storia noiosa che sempre si ripete. Le volpi hanno le loro tane, gli uccelli del cielo hanno i loro nidi, ma il figlio dell'uomo non ha nulla sul quale posare la testa[35].

La *sequela Christi* è uno dei motivi conduttori del romanzo ed è possibile riscontrarla nelle pagine di maggiore intensità, come ad esempio in quelle dedicate agli incontri tra Cristina e Pietro e al colloquio tra questi e don Benedetto. Del resto lo stesso Pietro ammette di aver abbandonato la Chiesa:

> non perché si fosse ricreduto sulla validità dei suoi dogmi e l'efficacia dei sacramenti, ma perché gli parve che essa s'identificasse con la società corrotta, meschina e crudele che avrebbe dovuto invece combattere[36].

Pietro, insomma, incarna una nuova forma di sacerdozio. Egli è un uomo toccato da Dio, ma il suo compito non è quello di secolarizzare il cristianesimo o la Chiesa, bensì, al contrario, di sacralizzare il quotidiano, di rendere sacre le azioni abituali nel nome di una nuova *koinonía*, cioè di una comunione eucaristica che si avvale della stessa simbologia cattolica, la frazione del pane e del vino, in un contesto diverso. Il luogo privilegiato per questa manifestazione del divino non è quello deputato canonicamente dalla Chiesa ma è tutto il mondo, in quanto ogni luogo o situazione è atta a sacralizzare allo stesso modo la vita. Spezzare il pane e bere il vino insieme sono atti di alta religiosità: sono segni-simbolo di una solidarietà e di una fraternità che, dopo quei gesti, non è più possibile infrangere. Naturalmente, *conditio sine qua non* per avvicinarsi all'eucarestia è l'essere in pace con la propria coscienza e non lasciarsi contaminare da quelle regole sociali che sviliscono la simbologia cristiana. Si pensi ad esempio all'incontro del frate cappuccino con don Paolo e alle sue affermazioni:

> Il prete spezzò il pane e ne diede una parte a don Paolo. « Il pane di grano bagnato nel vino rosso, non c'è nulla di meglio? » disse il frate. « Ma bisogna avere il cuore in pace » aggiunse sorridendo[37].

Non certo estranea al significato del romanzo, dal punto di vista di questa sacralizzazione della missione laica, è la confusione tra Pietro Spina e don Paolo Spada. Spesso la stessa narrazione alimenta questo equivoco di un doppio personaggio, accettando come reale la situazione di travestimento. Paolo Spada diventa in tal modo personaggio a sé e il suo essere sacerdote perde i connotati della finzione per trasformarsi in vera e propria investitura, quasi nel riconoscimento di un carisma che gli viene attribuito da quanti sono scossi dalla sua singolarità. Ovviamente, l'annuncio di Pietro-don Paolo non può più essere il *kerygma* marxista-leninista, che è troppo lontano dalla cultura contadina. La scelta inconsapevole di un sordomuto quale destinatario di tale messaggio (« C'è un paese – cominciò a dire don Paolo sottovoce – un grande paese, nell'Oriente d'Europa, una grande pianura coltivata a grano, una grande pianura popolata di milioni di cafoni. In quel paese, nel 1917... »[38]) rende ancora più manifesta la sua improponibilità. Pietro ricerca allora un nuovo canale di comunicazione con i cafoni, basato non più su astratte teorie ma sulla comprensione-condivisione della loro condizione. Egli scopre che l'inaccessibilità dei contadini alla politica rappresenta la loro difesa, il loro modo arcaico e rudimentale di avere ragione:

> Tornato in camera, egli tirò fuori dalla valigia il quaderno con l'intestazione *Sull'inaccessibilità dei cafoni* e si sedette vicino al tavolino. A lungo rimase pensieroso con la testa tra le mani; infine cominciò a scrivere: « *Forse essi hanno ragione* »[39].

Pietro riesce così a stabilire un contatto con i cafoni accettando di confrontarsi sul loro stesso terreno:

« Forse tra giorni andrò via » disse don Paolo. « Mi sento abbastanza rimesso. Ma prima di partire vorrei avere una idea più precisa del vostro modo di pensare. »
« Siamo zappaterra » disse Daniele. « È presto detto. C'è poco da pensare. » (...)
« A volte » disse Sciatàp « la nostra testa non basta neppure per il nostro piccolo pezzo di terra. E a che servono i pensieri? La grandine cade ugualmente. »
« Non mi avete capito » disse il prete. « Vorrei sapere che cosa ne pensate di questo governo. »
« Niente » disse Daniele.
Gli altri assentirono: « Niente ». (...)
« Non mi avete capito » disse il prete. « Vorrei sapere che cosa ne pensate delle tasse, dei prezzi, del servizio militare, delle altre leggi. »
« Bevete » gli disse Magascià. « Reverendo, si vede che avete tempo da perdere. No, non volevo offendervi. Intendevo dire che sono domande superflue. Ognuno sa quello che pensiamo di certe cose. »
« Sulle tasse, sul servizio militare, sui fitti delle terre tutti la pensiamo allo stesso modo » disse Daniele. « Anche i più timorati e sottomessi, anche i più bigotti. Non è un segreto, non è un pensiero nascosto o nuovo. Sarebbe veramente strano che la pensassimo diversamente. »[40]

Il successo di Pietro è però episodico: non è facile smuovere i contadini e indurli a un'analisi più attenta dei fatti: la guerra d'Etiopia, anzi, diventa per essi un'occasione provvidenziale di riscatto sociale e di arricchimento.

In alcune pagine del romanzo, poi, il pane e il vino rappresentano, addirittura, il cibo che dà nutrimento alla ricerca e all'approfondimento della propria esistenza:

« Arriva sempre un'età » egli disse « in cui i giovani trovano insipido il pane e il vino della propria casa. Essi cercano altrove il loro nutrimento. Il pane e il vino delle osterie che si trovano nei crocicchi delle grandi strade, possono solo calmare la loro fame e la loro sete. Ma l'uomo non può vivere tutta la sua vita nelle osterie[41]. »

Del resto, che Pietro Spina sia un unto di Dio è messo in evidenza anche da don Benedetto che conferma così in modo « ufficiale » la vocazione del protagonista:

Fin da ragazzo egli mi pareva scelto per un duro destino[42].

Pietro si schermisce e confida al vecchio maestro di aver perso la fede, ma don Benedetto ribadisce che il suo è « solo un banale malinteso », e che la demarcazione tra sacro e profano non è istituzionale:

Non sono quelli che dicono messa e si professano ministri di Dio, coloro che Gli sono più vicini nell'intimità dello spirito[43].

Tra le due sfere esiste un rapporto più complesso, quasi uno scambio simbolico che permette talora all'una di ritrovarsi sotto le spoglie dell'altra, e viceversa:

Non sarebbe la prima volta che il Padre Eterno è costretto a nascondersi e assumere pseudonimi. Egli non ha mai tenuto eccessivamente, tu lo sai, al nome e cognome che gli uomini gli hanno affibbiato; anzi, in cima ai suoi comandamenti, ha posto l'avvertenza di non nominarlo invano. E poi la Storia Sacra è zeppa di esempi di vita clandestina[44].

Non per niente, in seguito, parlando a Cristina, don Benedetto dà di Pietro Spina una definizione illuminante:

È un uomo che da ragazzo fu toccato da Dio e da Dio stesso lanciato nelle tenebre, alla sua ricerca. Sono certo che egli ubbidisce ancora alla sua voce[45].

I simboli eucaristici del pane e del vino tornano nel romanzo anche dopo la « confessione » di Luigi Murica e il perdono di Pietro Spina. Il riferimento al sacramento penitenziale, nel colloquio tra i due, appare evidente non solo per la situazione di fondo basata sull'equivoco Pietro-don Paolo, ma anche per esplicita ammissione di Luigi in risposta alla domanda della locandiera:

« Avete parlato tanto tempo » ella disse a Murica. « Avete ancora delle cose da dirvi? »
« Mi sono confessato » disse il giovane[46].

Del resto, dopo il colloquio, la voce narrante informa che « *il prete (e non Pietro Spina)* tardò a tornare nella locanda »[47]. L'affermazione-proposito di Luigi: « Adesso sono pronto a tutto » rende poi ancora più sacrale la confessione, sottolineando l'inizio di una nuova vita. E la palingenesi troverà coronamento nel martirio finale che assume le caratteristiche di una vera *passione*:

> Luigi aveva scritto su un pezzo di carta: « La verità e la fraternità regneranno tra gli uomini al posto della menzogna e dell'odio; il lavoro regnerà al posto del denaro ». Quando l'hanno arrestato gli hanno trovato quel biglietto che egli non ha rinnegato. Nel cortile della caserma della milizia di Fossa gli hanno perciò messo in testa un vaso da notte in luogo di corona. « Quest'è la verità » gli hanno detto. Gli hanno messo una scopa nella mano destra in luogo di scettro. « Quest'è la fraternità » gli hanno detto. Gli hanno poi avvolto il corpo in un tappeto rosso raccolto in terra, l'hanno bendato e i militi se lo sono spinto a pugni e calci tra loro. « Quest'è il regno del lavoro » gli hanno detto. Quando è caduto per terra gli hanno camminato di sopra, pestando coi talloni ferrati. Dopo questo inizio d'istruttoria, egli è vissuto ancora un giorno[48].

Il valore sacrificale della morte di Luigi, inoltre, traspare dall'invito di Pietro a compiere una vera e propria emulazione-imitazione del giovane:

> « Se noi vivremo come lui » disse don Paolo « sarà come se lui non fosse morto. Dovremo stare assieme e non avere paura »[49].

La morte del giusto, a questo punto, deve trovare un'efficace rappresentazione simbolica che ne rinnovi il significato agli occhi degli altri uomini. Così è il padre di Luigi a ricordare suo figlio dando ai presenti il pane e il vino stessi che questi ha contribuito a produrre:

Il vecchio Murica in piedi, a capo del tavolo, dava da bere e da mangiare agli uomini attorniati.
« È lui » egli disse « che mi ha aiutato a seminare, a sarchiare, a trebbiare, a macinare il grano di cui è fatto questo pane. Prendete e mangiate, quest'è il suo pane. »
Altri arrivarono. Il padre versò da bere e disse:
« È lui che mi ha aiutato a potare, insolfare, sarchiare, vendemmiare la vigna dalla quale viene questo vino. Bevete, quest'è il suo vino. »[50]

In questo caso l'allusione non si allontana dal piano letterale: pane e vino mantengono inalterata la loro fisicità, perché non sono ancora transustanziati. Il momento della consacrazione è però solo ritardato. Dopo l'arrivo di Pietro un vecchio infatti esclama:

Il pane e il vino della comunione. Il grano e l'uva calpestati. Il *corpo e il sangue*[51].

La trasformazione degli oggetti simbolici è dunque avvenuta e la nuova liturgia celebrata. Non resta altro, dopo il sacrificio di Cristina, che aspettare la fuga solitaria del nuovo apostolo, Pietro, dal cui seme dovrà germogliare una nuova fede. La continuità di *Pane e vino* con *Il seme sotto la neve* è di fatto compiuta. Rimane da considerare soltanto il sapore fortemente evocativo della fuga di Pietro e dell'inseguimento di Cristina. Il ritmo incalzante e il linguaggio rendono questa parte del racconto sospesa tra il mito e la realtà, tra il racconto fantastico e la parabola biblica.

La scuola dei dittatori

La scuola dei dittatori fu scritta a Zurigo nel 1937-38 e segue dunque nell'ordine *Fontamara* e *Pane e vino*. Anche questo libro, che è una sorta di *pamphlet* in forma di dialogo sulla dittatura in genere e non solo sul fascismo e sul nazismo, fu stampato prima nella traduzione tedesca col titolo *Die Schule der Diktatoren* (Europa Verlag, Zurigo 1938), mentre in Italia apparve solo nel 1962, prima sul settimanale « Il Mondo », a puntate, poi presso Mondadori. L'edizione italiana, ancora una volta, fu l'occasione per un attento lavoro di revisione: Silone, infatti, per snellire il volume e renderlo più omogeneo, eliminò tutti i supporti extratestuali (citazioni, fonti e documenti) che erano originariamente allegati a ogni conversazione.

Il libro suscitò notevole interesse anche in Italia, soprattutto tra gli studiosi di storia e di politica. Quanto al genere letterario cui ascriverlo, sussistono alcuni problemi: i critici inglesi e americani lo considerano una *fiction*, i francesi un *récit* o un *traité* e i tedeschi un *essay*. In realtà, come già si è accennato, si tratta di un dialogo nell'accezione classica del termine, secondo il modello canonico di Platone: in quattordici capitoli, infatti, tre interlocutori discutono sulle strategie più idonee per impadronirsi del potere.

La trama

Due americani, il professor Pickup e mister Doppio Vu, arrivano in Europa alla vigilia della seconda guerra mondiale. Scopo del viaggio è interpellare personalità celebri e raccogliere materiale sulla costituzione delle più famose dittature: il signor Doppio Vu, infatti, è aspirante dittatore negli Stati Uniti e il professor Pickup è il suo consigliere ideologico. Comunque, quando i due giungono a Zurigo, viene loro suggerito di rivolgersi a un esule italiano, Tommaso il Cinico, avversatore di ogni dittatura, poiché « la verità bisogna impararla dagli avversari ».

Tommaso, come spiega la voce narrante, non è dispiaciuto del nomignolo che gli è stato attribuito e, anzi, se ne compiace, giacché con il termine « cinici » venivano designati quei discepoli di Socrate che « al culto formale degli dèi anteponevano la pratica della virtù ». Egli, tra l'altro, è intento a scrivere un manuale sull'arte di ingannare il prossimo affinché gli ingannati possano apprendere, per meglio difendersi, le tecniche della mistificazione.

Inizia così, attraverso i quattordici capitoli del libro, ognuno dei quali affronta un aspetto particolare delle dittature, come il titolo ad essi premesso suggerisce, un confronto serrato sulla natura delle dittature, sul loro costituirsi, nonché sulle figure, le caratteristiche e le qualità del dittatore.

Il professor Pickup impersona, nei dialoghi, il ruolo del teorico agguerrito che spesso ricorre, nel suo parlare forbito, a dotte citazioni. Egli è l'inventore di una nuova scienza, la « pantautologia », che permette di interpretare la realtà, e dunque anche la politica, nel suo insieme. Mister Doppio Vu, invece, è l'uomo rude e sbrigativo che disdegna i libri: la sua politica è quella di semplificare i problemi per giungere subito all'essenziale. I due provocano con le loro domande, affermazioni, richieste di approfondimento e obiezioni gli interventi chiarificatori di Tommaso che nel suo argomentare trae stimolo proprio dalle loro frequenti interruzioni e contestazioni.

Il libro, di intonazione ironica e scherzosa, perviene, attraverso un'inversione dei ruoli (Tommaso che dovrebbe combattere le dittature insegna come si possono instaurare), a esiti grotteschi, a un umorismo che diventa a volte macabro e che stronca, dunque, la risata sul nascere. Attraverso questo procedimento « cinico » l'autore lucidamente e amaramente priva di ogni supporto ideologico una realtà che, denudata della sua veste mistificatoria, permette di definire nella sua sostanza il dittatore come colui che ama il potere per il potere. L'ideologia reazionaria e tradizionalista e l'amore per l'ordine non sono altro che giustificazioni *a posteriori* e posticce di questa unica aspirazione: raggiungere il potere.

Nel suo procedere per tematiche prestabilite, il libro non si ferma a una semplice disamina delle dittature fascista e nazista e a una condanna dei loro capi carismatici. Il suo respiro è ben più ampio: Silone vuole mettere in guardia dai pericoli di svolte reazionarie che si annidano nelle stesse democrazie parlamentari. Il rischio di tale involuzione si nasconde nella possibilità di sedurre le masse privandole di ogni capacità di discernimento e di esercizio della critica.

Dal punto di vista espressivo, Silone, attraverso uno stile elegante e chiaro che ricorre a tutti gli artifici dell'*ars* retorica, perviene a una scrittura efficace ed incisiva e a un linguaggio fortemente dimostrativo, che procede per accumulazione ed approfondimento. Mediante questo stile, definito da Geno Pampaloni « gelido e al tempo stesso sferzante e accorato », Silone trasferisce nel testo l'esperienza degli avvenimenti politici di cui è stato protagonista.

Il libro, nella sua struttura, può anche apparire come una sorta di imitazione parodica, aggiornata alla società contemporanea, del *Principe* di Machiavelli. Il gioco di simulazione e di capovolgimento dei ruoli e degli intenti serve a disvelare l'ambiguità che si cela nella nostra società, il suo doppio registro e la possibilità di reversibilità anche dell'opposizione. Non esiste, afferma Tommaso, una verità netta e univoca: la complessità della società esige perciò un'interpretazione della sua natura altrettanto complessa, che eviti di suddividere il mondo in « buoni » e « cattivi », in integrati e oppositori. Anzi, spesso, spiega Tommaso, l'opposizione al sistema è il mezzo più idoneo a raggiungere il potere.

Le qualità essenziali per conquistare il potere, del resto, non sono intelligenza e sapere, ma intuito e scaltrezza. Proprio perché non teorico e non legato ad alcuna visione della realtà, l'aspirante dittatore è più libero di adeguarsi ai cambiamenti della società, di sfruttare spregiudicatamente le diverse opportunità che gli si offrono e, seppure a livello d'istinto, di comprendere il nuovo che incombe.

L'insidia della dittatura è particolarmente presente nella società di massa, ovunque esistano possibilità di strumentalizzazione dei « molti » e, dunque, di identificazione tra un capo e la collettività. Con largo anticipo sui giorni nostri, Silone riesce a dare, della nostra società, un quadro certamente interessante e quanto mai attuale, soprattutto se ripensato nel periodo di stesura dell'opera. Particolarmente rilevante è l'interpretazione data del fascismo (e del nazismo): non avvento di pochi abietti individui che attraverso la forza e l'irrisione di ogni morale calpestano qualsiasi parvenza di libertà, ma debolezza dell'opposizione ed assenza di un valido programma politico capace di impedire l'identificazione della massa con il suo capo. Pertanto non è il dittatore che ha scelto e ipnotizzato la massa, ma è piuttosto questa che proietta su di lui le proprie aspirazioni e le proprie frustrazioni. È la massa dunque che crea e sceglie il suo capo: questi tutt'al più coglie con scaltrezza l'occasione propizia. Storicamente poi il fascismo risponde al bisogno di alcuni ceti e categorie ben identificabili. Afferma infatti Tommaso il Cinico:

> Il segreto del nazionalsocialismo e del fascismo deve esser ricercato anzitutto nelle condizioni spirituali delle masse italiane e tedesche a seguito della guerra, della crisi economica e del fallimento dei partiti democratici e socialisti[52].

E ancora:

> L'identificazione sociale è appunto il processo discriminatorio che fa emergere l'eletto dal gregge dei chiamati. L'eletto ne esce trasfigurato. Egli perde i connotati individuali e assume quelli sognati da milioni di concittadini. Egli diventa, alla lettera, il prodotto individualizzato d'un irresistibile bisogno collettivo[53].

Il capo non deve avere particolari doti, per poter assolvere alla sua funzione:

> Nell'attuale civiltà di massa tutte le risorse della tecnica contribuiscono all'esaltazione dell'eletto. I pochi tra i connazionali che sfuggiranno all'ipnosi e cercheranno di discuterlo e denigrarlo, ricordando le sue origini, la sua neghittosa gioventù, la sua limitata cultura, la sua vigliaccheria, la sua inadattabilità a una vita normale, faranno opera vana, perché effettivamente, ad esempio, l'attuale Duce del fascismo, per quello che egli ora rappresenta nell'immaginazione di molti italiani e stranieri, ha ben pochi rapporti col signor Benito Mussolini di prima della guerra. Fu quel signore, è vero, a fondare i primi fasci, ma è stato il fascismo che ha poi creato il Duce, rivestendo la sua persona piuttosto banale, con una quantità di virtù difetti aspirazioni dell'io-ideale di milioni d'italiani[54].

Il legame tra il capo e la collettività, inoltre, non è fondato su alcuna convinzione ideologica ma è un rapporto di tipo fideistico:

Criticare il capo presso un credente equivale ad attaccare la parte sublimata di lui stesso, nella quale egli attinge il conforto per sopportare le difficoltà della sua misera vita. È appunto la stretta identificazione tra capo e massa che crea la forte coesione organizzativa dei partiti totalitari. Anche se il capo dice e fa oggi il contrario di quello che diceva e faceva ieri, e ordina stragi di innocenti, che importa? Il legame più forte che lega il capo alla sua massa non è ideologico o programmatico o etico. « Se il mio capo agisce in quel modo, vuol dire che avrà delle ragioni per farlo », pensa il fascista o il comunista. E poiché lui è convinto di non aver avuto nella vita il meritato successo solo per mancanza di furberia ed eccesso di scrupoli, egli è perfino fiero che il « suo » capo sia così abile e forte e sappia così bene sterminare gli avversari[55].

Per Silone-Tommaso, d'altronde, non sono gli aspetti istituzionali a contraddistinguere il fascismo e a denunciarne l'essenza. Esso può, infatti, presentarsi in forme diverse:

Il fascismo è sempre nazionalista, ma non obbligatoriamente antisemita; esso crea sempre organismi di massa, ma non necessariamente corporazioni. Le istituzioni sono simulacri che adempiono a funzioni secondarie che solo i professori di diritto possono prendere sul serio[56].

E le scelte nominali e le intenzioni di rito non servono a riconoscere la vera identità di un partito:

Un partito che sorge per combattere il socialismo e sostenere gli interessi dei proprietari, avrà cura di mascherarsi col nome di sociale, popolare e perfino socialista; se un partito si chiama radicale, è senza dubbio moderato; se un gruppo scissionista si separa da un vecchio partito per fondarne uno nuovo, non si chiamerà in nessun caso partito scissionista, ma partito unitario; se un partito riceve sovvenzioni e direttive dall'estero, potete essere sicuro che parlerà in ogni occasione d'indipendenza nazionale. Grazie al nominalismo, la cronaca dei nostri giorni s'illumina spesso d'ironia macabra. L'invio di truppe per alimentare la guerra civile in un paese amico si chiama, voi lo sapete, non-intervento. L'arresto di avversari politici, talvolta destinati ad assassinio « per tentativo di fuga », si chiama « Schutzhaft » oppure camera di sicurezza. I tribunali di partito incaricati di terrorizzare l'opinione pubblica, si chiamano tribunali popolari. Gli armamenti si giustificano dappertutto col pretesto della pace; la mancanza di parola, col pretesto di difendere il proprio onore; l'Italia asservisce l'Abissinia per sopprimervi la schiavitù; il Giappone invade la Cina per aiutare il popolo cinese a liberarsi dalla dittatura del Kuomintang. La menzogna è diventata così abituale, da generare perfino noia. Non c'è da stupire se, in tali condizioni, i movimenti totalitari siano costretti a spingere la mistificazione fino agli estremi[57].

La ricerca della verità passa attraverso la complessità di una società che non si fa imbrigliare in rigidi schematismi. Dal libro emerge dunque una visione disincantata dei meccanismi che regolano ogni società. Proprio perché la denuncia è lucida e non si maschera dietro facili illusioni, la lezione di Tommaso il Cinico risulta quanto mai attuale e anche diversa dall'utopismo di certi personaggi dei romanzi di Silone, spesso vittime del proprio idealismo.

All'utopia escatologica di Pietro Spina segue, insomma, lo scetticismo di una ragione vigile e concreta che non lascia spazio a forme di messianismo estromesse dall'esercizio della *ratio*. Il linguaggio si allontana così dalle seduzioni evangeliche per diventare, ironicamente, un corrosivo strumento di demistificazione. Tommaso, proprio perché « cinico », ci fa capire con le sue analisi che il fascismo non è un fenomeno transitorio e passeggero, da relegare in un ambito storico che non può travalicare. Il problema della dittatura è ben più vasto e profondo: contro di esso l'uomo deve ancora finire di cimentarsi.

Il seme sotto la neve

Il seme sotto la neve fu scritto da Silone a Zurigo nel biennio 1939-40, mentre in Europa imperversava la seconda guerra mondiale. Anche esso apparve prima in un'edizione in lingua tedesca, nel 1941, col titolo *Der samen unterm schnee* (Europa Verlag, Zurigo). L'anno successivo, nel 1942, invece, fu pubblicata la prima edizione per l'emigrazione in lingua italiana, presso le Nuove Edizioni di Capolago.

Il romanzo apparve in Italia originariamente presso le Edizioni Faro di Roma nel 1945; seguirono poi l'edizione Mondadori del 1950, parzialmente riveduta, e quella, sempre Mondadori, del 1961, in una stesura definitiva. Nonostante l'apprezzamento della critica, il libro non ebbe la stessa rapida diffusione degli altri due romanzi e fu tradotto soltanto in nove lingue.

La vicenda narrata nel romanzo si ricollega idealmente e narrativamente a *Pane e vino*: protagonista del *Seme sotto la neve*, infatti, è ancora Pietro Spina.

La trama

Cristina Colamartini, la ragazza che aveva seguito Pietro Spina nella fuga, è tragicamente morta, sbranata dai lupi. Pietro, invece, è riuscito rocambolescamente a salvarsi grazie all'aiuto di Sciatàp, un cafone che lo ha raccolto durante la bufera di neve e lo ha nascosto in una stalla per poter ricevere una ricompensa dalla nonna del fuggiasco, donna Maria Vincenza. Pietro deve così vivere in completa solitudine (uniche eccezioni sono un asino e Infante, un sordomuto emarginato un po' da tutti) fino a quando Sciatàp, ricevuto il compenso, lo riconsegna alla nonna. Il giovane ribelle può far così ritorno, seppure all'insaputa di tutti, a Colle, il suo paese natio. Oltre alla nonna, in casa Spina vivono Natalina e Venanzio, i domestici. Il dialogo tra Pietro e l'anziana donna è difficile: i due si stimano e si vogliono bene, ma sono altrettanto testardi e radicali nel loro modo diverso di interpretare la vita. Donna Maria Vincenza si adopera in tutti i modi, nonostante l'età, per proteggere il nipote ed ottenerne la riabilitazione attraverso una grazia governativa. Ella, però, si rende conto che il suo progetto urta contro la coscienza del giovane. Così, proprio quando la domanda di grazia sta per essere accolta, rifiuta di apporvi la sua firma. Infante, giunto a Colle, viene arrestato poiché non è in grado di provare la propria identità. Pietro, che soffre di non poter aiutare l'amico, ottiene che Venanzio vada dai carabinieri a fornire le generalità del recluso. In realtà le motivazioni addotte da Pietro per coinvolgere Venanzio rimangono estranee all'animo del domestico che si decide ad agire solo per un sentimento di fedeltà alla famiglia Spina. L'uomo, non sapendo poi come liberarsi di Infante, che continua a seguirlo una volta rilasciato, lo accompagna nel mulino abbandonato in cui vive Simone-la-faina, un ex possidente che ha rinunciato ai suoi privilegi per vivere ai margini del paese.

Pietro, logorato dalla forzata inattività cui è costretto, decide di lasciare la casa della nonna e di raggiungere Simone ed Infante. I tre vivono, così, insieme, in un'estrema povertà che li accomuna ed esalta. Pietro insegna al sordomuto nuove parole, nel tentativo di allargarne la coscienza e di favorirne l'inserimento sociale. Con il trascorrere dei giorni, la convivenza, l'aiuto reciproco e la generosità che spinge in particolare Pietro e Simone a preoccuparsi l'uno dell'altro sembrano far dimenticare ai tre uomini lo stato d'indigenza in cui vivono, schiudendo loro una nuova dimensione di vita. Presto, però, per ragioni di sicurezza i tre amici sono costretti a cercare un nuovo rifugio, ad Acquaviva, e per maggiore precauzione si separano: partono per primi Pietro e Faustina (una donna che vive nella disapprovazione dell'onorata società ed è segretamente innamorata di Pietro) e solo in un secondo momento Simone ed Infante.

La fuga improvvisa di Pietro e Faustina segna l'inizio di una nuova fase del libro: è in questa parte, infatti, che si svolge la breve storia d'amore tra i due che trovano alloggio in una modesta locanda. Ben presto Faustina, sottoposta a una forte tensione nervosa per il comportamento imprudente di Pietro che viene scambiato per uno zio defunto, il capitano Saverio Spina, non riesce più a reggere la situazione: colta da malore, la donna fa ritorno a Colle. Intanto Pietro, dopo essere stato raggiunto da Simone e da Infante, cerca di stabilire contatti con persone in grado di condividere il suo ideale di vita libera. Il suo animo è però sospeso tra l'amore che porta a Faustina e i doveri che di volta in volta si impone privandosene. Da ultimo, proprio quando Pietro è ormai deciso a raggiungere Faustina scoppia inaspettato il dramma: Infante ammazza Giustino, suo padre, e Pietro, sentendosi responsabile del gesto sconsiderato del sordomuto, si lascia arrestare dai carabinieri dichiarandosi colpevole dell'uccisione dell'uomo.

Il romanzo è omogeneo nella storia di Pietro Spina: « fuorilegge » che trova rifugio prima nella casa della nonna, poi in un vecchio mulino. Tale uniformità sembra tuttavia interrompersi con la fuga ad Acquaviva e la storia d'amore tra Pietro e Faustina, una vicenda che appare staccata dal resto del libro, quasi un romanzo a sé, anche dal punto di vista stilistico-espressivo: il linguaggio è infatti più veloce, lo stile meno marmoreo e i dialoghi più sciolti. La situazione è senza dubbio più fluida e segna, se non altro, uno stadio diverso nell'avventura di Pietro Spina: il passaggio da una situazione statica di riflessione solitaria o condivisa da una piccola comunità, a un tentativo di apertura che acquista il significato di un vero e proprio « annuncio », seppure apparentemente fallito con l'omicidio di Infante e l'arresto di Pietro.

La trama, come in molti romanzi di Silone, non è lineare. Presente e passato nella narrazione si intersecano, si rimandano e la loro connessione viene chiarita solo gradualmente. Silone prima narra l'effetto, poi ne spiega la motivazione: le radici dell'agire e il posto che i personaggi occupano nell'economia narrativa sono rivelati al lettore con l'incalzare dell'intera vicenda.

Numerosi sono gli episodi e i personaggi secondari che ruotano attorno ai protagonisti, tutti rappresentati con tratto originale ed espressivamente marcato. L'efficacia della scrittura di Silone trae notevole apporto dalla presenza di questo variegato mondo di figure che arricchisce lo sviluppo della narrazione. Si pensi ad esempio a don Severino, un personaggio che ha rotto i ponti con la società dei benpensanti e che si lascia accusare di un concubinato solo apparente: poco reattivo alle seduzioni del potere, egli sceglie la solitudine, ma non riesce a rinunciare al superfluo, ancora radicato nella sua vita, per aggregarsi a Pietro Spina e ai suoi amici. Oppure si guardi al sarcasmo e all'ironia con cui sono descritti don Coriolano e don Marcantonio, i due oratori governativi. Eloquente in tal senso è il lungo racconto di donna Eufemia, un episodio che dà luogo a una di quelle parentesi, tipiche del romanzo, che seguono i canoni dell'oratoria popolare. Si tratta di una di quelle storie, così comuni in tutti i paesi, che, tramandate oralmente, si sedimentano nella memoria collettiva. Il racconto, da cui emerge la cattiveria della gente e l'egoismo dei paesani, è narrato tra ironia, sarcasmo e amarezza. Esso rappresenta una vera digressione a mo' di aneddoto che non sembra trovare necessità nella vicenda di Pietro Spina. L'episodio va invece collocato in quella dimensione sociale paesana che, con la sua mentalità, le sue leggi (sintetizzabili nell'unico comandamento: farsi i fatti propri), le divisioni tra famiglie, i pettegolezzi e gli aneddoti è sempre presente nell'atmosfera del romanzo. Si pensi alla storia di donna Eufemia, col suo tesoro nascosto e le sue battute acide che corrono sulla bocca di tutti col nome di « eufemismi », alla pillola eterna di Simone-la-faina, alla croce littoria di don Marcantonio, ai discorsi commemorativi di don Coriolano, all'uniforme della guardia municipale, troppo importante per la funzione ma comprata a buon mercato su deliberazione della giunta comunale, alle figure di Mastro Eutimio, di Sciatàp, del farmacista, del curato, del procuratore, dei carabinieri, delle maestrine, del povero cavallo di casa Spina, Belisario, dell'asino di Simone Cherubino... Insomma tutto ciò che fa di un paese un paese è presente nella narrazione dando maggiore risalto alla storia di Pietro Spina che vi si contrappone. Il periodare lento, che sposta e rimanda sempre la conclusione degli enunciati attraverso il ricorso a tutte le figure della ripetizione, dell'accumulazione e della gradualità espressiva, dà alla scrittura connotazioni quasi liturgiche. Silone, tuttavia, non disdegna il ricorso alla mimesi. I cafoni ad esempio si esprimono spesso attraverso sentenze, proverbi, aforismi e apologhi e non manca, nei dialoghi, l'uso pleonastico del doppio pronome personale « a me mi »:

> *A me mi* rattrista di vederti sempre più angustiato[58].
> *A me mi* sembrava quasi d'impazzire[59].

I nomi nel discorso diretto vengono dialettizzati: Serafì, Nunziatè, Michè, Gemmì e simili. Inoltre, il ricorso alla tautologia, alla metafora e alla similitudine contribuisce a rendere ancora più colorito il linguaggio, in particolare nei dialoghi che maggiormente si prestano alla mimesi con il registro orale.

Il linguaggio del romanzo non è però univoco: la piacevole lettura delle digressioni, che hanno il colore del pettegolezzo e della chiacchiera di paese, si interseca con timbri dal tono più sostenuto da cui emerge la tensione morale ed utopica del protagonista. Nel complesso, le oscillazioni dei diversi registri linguistici tra mimesi popolareggiante, retorica rivoluzionaria e profetismo messianico non sempre trovano un felice equilibrio nel testo: c'è il rischio, in alcuni punti, di un sopravvento delle istanze più marcatamente ideologiche dell'autore e di uno scadimento in un moralismo alquanto fastidioso.

La caratteristica più evidente del linguaggio del romanzo, comunque, è l'allusività, perseguita attraverso i riferimenti diretti o indiretti al cristianesimo. Spesso, infatti, nella pagina riecheggiano varie citazioni evangeliche e le parole si caricano così di significati profondi che vanno interpretati sul piano simbolico o allegorico. La povertà diventa allora non una situazione marginale in cui viene a trovarsi il rivoluzionario clandestino, ma la condizione necessaria e privilegiata attraverso la quale pervenire all'essenzialità della vita. Tutta l'esperienza di Pietro Spina va dunque reinterpretata alla luce di queste considerazioni. Il titolo stesso del romanzo alimenta una sovrapposizione del piano simbolico su quello letterale che sarà esplicitamente chiarita nel testo attraverso una relazione simmetrica tra un seme di grano e la vita di Pietro Spina:

Quale avvenimento emozionante fu per me un mattino la scoperta, in quella zolla di terra, d'un chicco di grano in germoglio. In principio temei che il seme fosse già morto; ma dopo aver spostato, per mezzo d'una festuca di paglia, con lentissime precauzioni, il terriccio che l'attorniava, scoprii una linguetta bianca che da esso usciva, una linguetta viva, tenerissima, della forma e grandezza d'un minuscolo filo d'erba. Ah, tutto il mio essere, tutta la mia

anima, nonna si raccolse d'un tratto attorno a quel piccolo
seme. [...] E sentivo la mia esistenza così labile, così esposta, così in pericolo, come quella del piccolo seme abbandonato sotto la neve; e, nello stesso tempo, come la sua, la
sentivo così naturale, così vivente, così importante, anzi la
sentivo come la vita stessa; voglio dire non come una immagine, non come una finzione, non come una rappresentazione della vita, ma come la vita stessa, nella sua umile
dolorosa sempre pericolante realtà[60].

Tra la sfera semantica del seme e Pietro Spina viene così a
stabilirsi un rapporto di analogia che trova un suo precedente quanto mai significativo nel *kerygma* cristiano: se-
me/Cristo. Di rimando, dunque, l'analogia si stabilisce tra
Pietro Spina e Cristo, e il parallelismo Spina/Cristo, di
fatto, è particolarmente evidente in alcune espressioni che
ricalcano quelle evangeliche. Si pensi ad esempio alla seguente affermazione di Pietro nel colloquio con il podestà:

« Il mio regno, devo dirvi, non è del vostro mondo. »
« Oh, di quale mondo esso è dunque? » chiese stupefatto il
podestà.
« Non del vostro » replicò seccamente[61].

Anche in questo romanzo, perciò, la vita di Pietro Spina
diventa immagine di una vera e propria *sequela Christi* che
si manifesta, come afferma Simone-la-faina, nel suo « essere un uomo fuorilegge, un cristiano allo sbaraglio » e di
esserlo « nel modo più semplice, più spontaneo e naturale
che sia; si direbbe quasi che sia nato con quella vocazione »[62].
    La libertà d'azione di Pietro, poi, è vista come un ele-
mento essenziale perché egli possa annunciare la propria
verità. Nasce, perciò, un ulteriore interrogativo sulla sua
persona (e sull'eroe siloniano in genere): « Tu lo vedi acca-
sato? »[63]. In altre parole, il fatto di non essere sposato è o
meno prerogativa di questo nuovo modo di incarnare la
santità? Certamente la domanda di Simone oltrepassa i limiti della singola opera ed investe una problematica etica
che riguarda il modo stesso di Silone (e dei personaggi che

più efficacemente ne rappresentano la personalità) di considerare la santità.

Un senso di mistero avvolge la vita di Pietro Spina e di coloro che fanno parte della sua piccola comunità di « apostoli ». Essi sono poveri e vivono ai margini della società, ma sono felici allorché possono essere in comunione con la gente più semplice. Da qui lo stupore di chi osserva la letizia dei « fraticelli »:

> Chi sono questi forestieri che perfino durante la fatica trovano il modo di essere allegri?[64]

La comunione degli esclusi, dei pazzi, dei reietti, e, in genere, di quanti non possono essere assimilati al tentativo di entelechia governativa non si realizza soltanto attraverso il contatto fisico, ma anche attraverso il filo di una memoria che dà luogo a un vero e proprio albero genealogico di uomini che nelle rispettive vite hanno gettato un seme perché altri potessero abbracciare la loro fede. Ne consegue il dovere di non cadere nella disperazione e, anche, di rinnovare un ideale di vita più volte incarnato nella storia.

Tra l'altro, il luogo emblematico dove Pietro Spina, nella solitudine, può riflettere e nascere come uomo nuovo è la stalla. Pietro afferma, in proposito, in un colloquio con Faustina:

> Cerca d'immaginare la leggerezza, la facilità di vita di chi aveva creduto di morire, s'era rassegnato alla morte, in un certo senso ha trascorso alcune settimane in una specie di sepolcro, da molti è ancora ritenuto morto, e invece torna e se la passeggia tra gli uomini, parla con essi. Pensa un po' alla trasparenza alla sicurezza della vita d'un risuscitato [...]. È incredibile, Faustina, come il senso della morte possa ravvivare quello della vita. Nessun vivente può apprezzare la sua fortuna se non gli è mai capitato di sfiorare la morte da vicino, di parlarle a quattr'occhi[65].

L'analogia tra la vita di Cristo e di Pietro Spina è evidente: Gesù nasce in una mangiatoia e nella povertà di una stalla e in un freddo inverno Pietro matura una nuova concezione di vita. La sua, anzi, è una vera e propria nascita ed è sentita come tale:

> Mi sembra che, fino a quel giorno, io non sia stato me stesso, ma abbia rappresentato una parte, come un attore a teatro, acconciandomi perfino una maschera adeguata e declamando le formule prescritte [...]. Invece la quiete la pace l'intimità il benessere da me trovati in quella stalla...[66]

L'esperienza della stalla è dunque una rivelazione che dà un nuovo senso alla vita ed implica nuovi doveri morali, la scoperta di una vocazione e l'impegno a rimanervi fedele. Tutta la vita di Pietro Spina, del resto, può essere ripensata attraverso le diverse fasi della morte simbolica nella stalla di Pietrasecca, la conseguente rinascita a nuova vita, l'esperienza di « deserto » nella casa della nonna, la condivisione con una piccola comunità, l'annuncio del primo *kerygma* ad Acquaviva.

A ben pensare, attraverso questo rifarsi alla struttura evangelica, anche lo svolgimento del romanzo appare più unitario e la vivacità dell'azione nell'ultima parte fa da giusto contrappunto al monologo interiore di gran parte del libro. L'epilogo diventa allora di una chiarezza cristallina, là dove tutto era stato avvolto nella sospensione dell'azione a Colle.

Nella scansione delle parti, dunque, la struttura del romanzo ricalca quella del Vangelo: nascita-deserto-comunità degli apostoli-predicazione-arresto-apparente fallimento dell'azione drammatica. Certo, lo sviluppo del romanzo non è così unitario né continuo, e già si è avuto modo di sottolineare e di mettere in evidenza le numerose digressioni presenti nella narrazione e la non linearità della scrittura di Silone. Tuttavia l'accostamento appare più che lecito se si tengono presenti, oltre la struttura, anche il lessico e le esplicite ammissioni di alcuni personaggi.

Silone/Spina è l'imitatore, attraverso un cammino del tutto particolare, della vita di Cristo, il cristiano che cerca di riconoscere Cristo negli altri, anzitutto nei cafoni. A un certo punto, anzi, l'equazione Cristo = poveri, da simbolica diventa letterale, dando luogo a un equivoco: Infante, dopo aver aiutato una contadina, appare agli occhi di lei come l'incarnazione di Cristo, e tutti i cafoni credono all'apparizione e si mettono alla ricerca del figlio di Dio, ma in realtà cercano solo un povero sordomuto. Il procedimento, come si vede, è ironicamente e amaramente invertito: gli uomini, invece di cercare l'immagine di Cristo nei poveri, cercano i poveri solo perché vengono presi per l'immagine di Cristo, proprio come i cafoni vogliono incontrare Infante non in quanto emarginato, ma quale presunta epifania soprannaturale.

In tutto il romanzo, inoltre, i riferimenti evangelici sono ulteriormente enfatizzati attraverso i frequenti ricorsi ai verbi *salvarsi*, *perdersi*, *rivelare*. Anche l'assunzione finale da parte di Pietro di una colpa non sua, attraverso il sacrificio personale, è un gesto di sapore evangelico, che in questo più complesso ambito trova una sua collocazione ed un suo significato. Il sacrificio di Pietro acquista, allora, il valore di un vero e proprio riscatto dell'umanità.

Forse non ha sbagliato l'ambiente letterario francese a valorizzare *Il seme sotto la neve* e a proporne anche una riduzione teatrale. L'immobilità e la monotonia dell'azione, che nella prima parte del romanzo ruota intorno alle riflessioni di Pietro Spina, si prestano bene a una rappresentazione drammatica e il testo stesso, del resto, assume a volte i tratti di un dramma religioso: un'azione *in crescendo* che corre verso un epilogo che non può non essere tragico.

I LIBRI SCRITTI IN ITALIA

La fine della seconda guerra mondiale segna l'inizio di una nuova fase della narrazione siloniana. Con il rientro in Italia, infatti, e in una situazione esistenziale meno precaria,

Silone ha tempo e modo di riflettere sulla sua vocazione di scrittore e di scoprirne per intero la forza. La consapevolezza che raggiunge circa le sue effettive possibilità lo spinge non solo a revisionare attentamente i testi già scritti, ma, soprattutto, a continuare la sua produzione letteraria nel mutato panorama nazionale. Di fatto, i problemi che assillano l'Italia, e quindi Silone, non sono più quelli della liberazione dalla dittatura fascista e dell'organizzazione della lotta clandestina: il confronto e la lotta dei personaggi siloniani tendono perciò a spostarsi, diacronicamente, sullo sfondo dell'Italia post-bellica. In questa diversa condizione storica si sviluppano le prime due opere scritte da Silone in Italia: *Una manciata di more* (1952) e *Il segreto di Luca* (1956). Tuttavia, in queste opere, se l'asse cronologico è variato, il paesaggio continua a rimanere quello di sempre: l'Abruzzo, in particolare la Marsica. Con l'opera successiva, *La volpe e le camelie* (1960), Silone fa invece ritorno di nuovo al periodo fascista per contestualizzare la vicenda, ma il libro trova una insolita, ed episodica, ambientazione: la Svizzera. Diversa collocazione ha *Uscita di sicurezza* (1965): itinerario spirituale dello scrittore prima e dopo la guerra, emblematico anello di congiunzione tra le due esperienze. *L'avventura di un povero cristiano* (1968), infine, destoricizza, o meglio storicizza altrove, in un'altra epoca, l'Abruzzo e le problematiche care a Silone.

Una manciata di more

Il romanzo *Una manciata di more* fu pubblicato da Mondadori nel 1952. È il primo romanzo scritto da Silone in Italia e, se fino a quel momento lo scrittore abruzzese e la sua opera non avevano trovato largo credito nel nostro paese, segna l'inizio di un'inversione di tendenza che darà luogo al dibattito, in quegli anni, sul caso Silone.

Il romanzo ha per sfondo alcune contrade dell'Abruzzo (San Luca, Sant'Andrea, La Fornace, Il Casale), e l'epoca in cui è ambientato è quella relativa all'immediato dopoguerra.

Protagonista è Rocco De Donatis, un ingegnere che si è distinto nella lotta partigiana e che ha ricoperto cariche importanti nell'organizzazione del Partito comunista clandestino ma che ora, tornato nella sua terra, attraversa un momento di crisi ideologica dopo un viaggio a Mosca.

La trama

Rocco discute al tavolo di un'osteria con Alfredo, ex assessore del passato regime che cerca di adeguarsi alla mutata situazione con l'iscrizione, non certo convinta, al Partito comunista. Mentre i due parlano, l'attenzione di Rocco cade su un uomo che ha perso la corriera per Sant'Andrea e pur non conoscendolo, egli si offre di accompagnarlo con la sua jeep. Arrivati al Casale, una borgata dove vive, in una non ben definita dimensione tra brigantaggio e comune anarchica, una strana combriccola che ha per capo Zaccaria, il misterioso uomo scende e si inerpica per un sentiero. Rocco viene a sapere da Zaccaria che lo sconosciuto è Martino, vittima, durante il fascismo, della prepotenza di don Vincenzo Tarocchi, il proprietario di gran parte dei beni della vallata.

La storia di Martino si intreccia con quella di una tromba, simbolo del desiderio di riscatto dei cafoni e della loro volontà di reagire alle ingiustizie subite. Il suono dello strumento ha infatti la funzione di radunare i contadini in caso di necessità e per questo è temuto dai ricchi proprietari terrieri e dalle autorità. Custode della tromba e del suo segreto è Lazzaro, un coraggioso cafone che accetta l'esilio piuttosto che consegnare alle autorità quell'inconsueto simbolo di contestazione. Martino era stato costretto, per lo stesso motivo, a seguire la sorte di Lazzaro e a lasciare Erminia, la donna di cui era innamorato. Rocco stringe amicizia con Martino e con Lazzaro, anch'egli tornato in paese dopo la caduta del fascismo.

Intanto, nel clima confuso del dopoguerra, matura il distacco del protagonista dall'ideologia comunista. Il Partito cerca prima di contrastare tale decisione attraverso l'intervento di Oscar, un funzionario, poi di svilirla nella sostanza e nelle motivazioni cercando di diffamare Rocco e di servirsi, in questo, della ignara complicità dell'ingenua

Stella. Quest'ultima, figlia di un ebreo rifugiatosi al Casale e adottata, alla morte del padre, da Zaccaria e dalla moglie Giuditta, è sentimentalmente legata a Rocco.

La scoperta di avere, seppure inconsapevolmente, tradito la fiducia del giovane che ama e di essere stata usata da Oscar per mettere le mani sul diario dell'indiziato e poterlo in tal modo denigrare, provoca una profonda crisi nella ragazza che scappa da Sant'Andrea. Rifugiatasi in una vecchia casa, vorrebbe lasciarsi morire di inedia, ma è salvata e curata da don Nicola, un sacerdote amico d'infanzia di Rocco. I due giovani possono così rappacificarsi e iniziare a progettare il loro futuro.

L'amore, tuttavia, non allontana dalla lotta politica Rocco, che, anzi, partecipa attivamente alle agitazioni dei braccianti, ancora una volta esclusi dalla spartizione dei poderi. Durante le rivendicazioni dei cafoni il fattore dei Tarocchi reagisce violentemente e viene ucciso. Del delitto viene accusato Martino che, pur essendo innocente, è costretto a fuggire e a nascondersi. Ma questa volta Martino non è solo: Rocco, Stella, Carmela, la donna che ne è innamorata, e Lazzaro formano con lui una piccola comunità di «giusti», decisi a continuare a lottare insieme e a non lasciarsi più sopraffare dal destino.

Questa è, schematicamente, la trama del romanzo, ma la continuità narrativa della vicenda è interrotta da frequenti rimandi cronologici: presente e passato, nel racconto, si incrociano e si giustappongono senza che emerga una vera e propria differenza tra i due piani. Alcuni episodi trovano addirittura una collocazione a se stante e rimangono isolati dal resto della narrazione, al punto che si ha l'impressione che un incedere per singoli racconti avrebbe dato alla materia del libro maggiore snellezza e spontaneità. L'impianto architettonico del romanzo, infatti, fa fatica a svilupparsi in modo armonico e a organizzare in un tutt'uno i diversi momenti della vicenda. La stessa continuità narrativa dei personaggi, nel continuo passare dal presente al passato e da una storia all'altra, finisce per perdersi. Di fatto, con *Una manciata di more* Silone accentua una tecnica narrativa che è comune a gran parte della sua produzione letteraria, ma che sembra trovare altrove una realizzazione più esemplare.

La prima parte del romanzo (il ritorno di Martino con il relativo racconto di Zaccaria), che comprende i paragrafi 1-16, appare ben salda. In essa i personaggi sono definiti coerentemente, il rapporto presente-passato trova un felice equilibrio e l'intreccio è efficacemente organizzato.

La seconda parte, strutturata anch'essa in sedici paragrafi, (il processo ideologico a Rocco e il « tradimento » di Stella), si sviluppa, invece, in modo frammentario attraverso vari episodi che si intersecano e continue digressioni che interrompono la linearità del racconto: in particolare la lunga parentesi dello scontro di Rocco con Oscar, il funzionario del Partito, appesantisce di molto la narrazione. La terza parte, infine, (suddivisa in soli dieci paragrafi) risulta abbastanza omogenea, ma si distingue dal resto del romanzo per contenuti e *climax*: protagonista è la comunità di neofiti siloniani che predica un socialismo senza partito e un cristianesimo senza chiesa, ed è in questo contesto che trova possibilità di espansione anche la storia d'amore tra Rocco e Stella. In quest'ultima sezione, tra l'altro, si accentua, anche nel linguaggio, il messianismo proprio di altre opere di Silone.

Nel romanzo si segnalano, per spessore semantico e felicità narrativa, i personaggi legati al mondo contadino. La semplicità e la profondità del ruolo che essi interpretano rendono particolarmente suggestive le storie di cui sono protagonisti. L'azione narrativa dà luogo, in tal modo, a dei veri e propri racconti popolari che Silone si limita a rivestire di un linguaggio del tutto originale. Le vicende che riguardano i cafoni, infatti, sanno sempre, nel romanzo, di leggenda: una particolare atmosfera accompagna le pagine che hanno per sfondo un ambiente rurale e gli oggetti che popolano tali ambienti sono come trasfigurati. Oggetti, paesaggio e personaggi, di fatto, perdono i loro connotati « realistici » e si contrappongono, con la loro esistenza mitica, al disegno di chi vuole trasformare *razionalmente* ogni cosa. Il mondo dei cafoni è, invece, sfuggente e non può essere facilmente assimilato a quella logica. Il tentativo di Oscar di trasformare il mito della tromba in un progetto organico di impegno politico fallisce miseramente proprio perché non tiene conto del significato di quel mito per i cafoni.

Lazzaro, Martino, Carmela e, con loro, Rocco e Stella superano la logica degli opportunismi, rimanendo ancorati saldamente alla loro terra. Questo gruppo di amici è legato dal desiderio di lottare per gli stessi ideali e di vederli realizzati: la loro utopica ricerca di giustizia li pone nella condizione di « eletti » destinati a soffrire ma anche a gioire per l'amore che, contro tutti, li tiene uniti. La piccola comunità, infatti, oppone l'onestà dei suoi membri all'ordine costituito, al Partito e perfino al paese, indifferente e pronto a lottare solo per il tornaconto personale. Ma, proprio in quanto sono staccati da tutti gli altri e fanno parte di una minoranza destinata, storicamente, ad essere inevitabilmente sconfitta, gli eroi del libro risultano, alla fine, moralmente vincitori. Gradualmente, nell'universo cupo del libro, tra le tante sconfitte e lo stesso vagare a vuoto dei vari personaggi (di Rocco in particolare), si fa strada una speranza che matura proprio attraverso la sofferenza e la consapevolezza della presenza insopprimibile del dolore nell'esperienza umana. Questa speranza *in fieri* trova forse la sua più felice formulazione nel colloquio finale di Lazzaro con Stella:

« In pochi mesi quanti mutamenti anche nella vita tua, di Rocco, di Martino. Ogni tanto Rocco e io discutiamo se tutto ciò, in fin dei conti, abbia un senso. Non ne sono sicura. »

« Non hai mai riflettuto » disse Lazzaro « che qualcosa guida il cammino delle formiche sotto terra e il volo degli uccelli da un continente all'altro? »

« Tu sei proprio sicuro che vi sia qualcosa? » domandò Stella. « Io non ne sono affatto sicura. »

« A me pare » disse Lazzaro « che non sia poi tanto importante di saperlo con precisione. Anche chi non lo sa, va ugualmente dove deve andare. Tu sapevi di dover venire qui? Eppure sei venuta. Forse le formiche non sanno niente di niente. Hanno una testa così piccola. Ma vanno dove devono andare. »

Stella rimase qualche momento pensierosa.

« Non tutte però arrivano » ella disse. « Se a qualcuna mancano le forze? Se qualcuna ha improvvisamente paura? Tu credi invece che tutte arrivano? »

« Non tutte » ammise Lazzaro. « Ve ne sono che, strada facendo, vengono calpestate e uccise dalle zampe dei cavalli. »[67]

Il romanzo, insomma, anche se non è armonico nella struttura e a volte risulta troppo paradigmatico nel disegno, ha pagine di intenso valore ed episodi di grande efficacia narrativa.

Il segreto di Luca

Il segreto di Luca è il secondo romanzo scritto da Silone dopo il suo rientro in Italia. Pubblicato nella collana « Narratori italiani » da Mondadori nel 1956, ebbe un notevole successo di pubblico e di critica e fu tradotto in dieci lingue. A molti critici italiani, anzi, il libro apparve come una svolta rispetto alle opere precedenti di Silone. Scrive ad esempio Giancarlo Vigorelli:

> Qui è un filone nuovo che ci sta davanti, e che getta anche sui libri di ieri una nuova luce. Quel suo naturalismo originario viene rovesciato come un guanto. L'impianto, gli sviluppi, la conclusione, tutto è capovolto. *Il segreto di Luca* è un romanzo riuscito a nuovo, così da costringere la critica a riaprire il discorso sull'autore, quando forse presumeva di affrettarsi a chiuderlo[68].

La critica straniera, invece, all'apparire del libro, pur cogliendo una diversità di toni, mise in evidenza soprattutto la continuità dell'opera di Silone e il rapporto di rimando essenziale di tutta la sua produzione letteraria. Scrive infatti Irving Howe:

Ho detto che alla superficie *Il segreto di Luca* sembra diverso dai primi romanzi di Silone che erano politici. Tuttavia chiunque abbia familiarità con la sua opera vede subito che questo romanzo continua la linea di quelli che l'hanno preceduto, e anzi costituisce una ricapitolazione sintetica dell'evoluzione di Silone stesso[69].

Nel 1969 dal romanzo è stata tratta una versione televisiva a cura di Diego Fabbri e Ottavio Spadari

La trama

Luca Sabatini, un ergastolano riconosciuto innocente dopo quarant'anni di carcere (era stato condannato per omicidio, ma il vero colpevole in punto di morte ha confessato), fa ritorno al suo paese, Cisterna dei Marsi. La notizia della sua scarcerazione e del suo probabile ritorno provoca l'allarme del maresciallo dei carabinieri di Cisterna, che teme una possibile vendetta dell'ex ergastolano contro coloro che non hanno testimoniato a suo favore. Don Serafino, un anziano sacerdote, consiglia di farlo internare in una casa di ricovero per vecchi. Luca, intanto, all'insaputa di tutti, è già rientrato in paese e cerca attraverso Toni, un ragazzo che si è accorto del suo arrivo, di mettersi in contatto con don Serafino.

Cisterna dei Marsi, comunque, è in fermento anche per un'altra notizia: siamo nell'immediato dopoguerra e Andrea Cipriani, un maestro elementare che, perseguitato per il suo antifascismo, ha partecipato alla lotta di liberazione, è in procinto di tornare, a sua volta, in paese. Ora Andrea è un importante esponente di un partito di sinistra e viene pertanto costituito un comitato di notabili per riceverlo degnamente: gli amministratori comunali e il nuovo parroco, don Franco, sperano di ottenere favori e appoggi nei loro progetti.

Andrea arriva a Cisterna in motocicletta e si reca, in primo luogo, a casa di don Serafino, dove viene a sapere della scarcerazione di Luca. Andrea non conosce personalmente Luca ma, mentre questi era in carcere, egli, ancora bambino, aveva curato in segreto la corrispondenza tra Teresa, la madre analfabeta dell'ergastolano, e il figlio. Il ricordo di quelle lettere e la convinzione dell'innocenza di Luca spingono Andrea a tentare di chiarire i molti misteri che si nascondono dietro la vicenda. Egli perciò elude la cerimonia ufficiale e si incontra con Luca. Il colloquio rafforza in Andrea il desiderio di conoscere il segreto che Luca gelosamente nasconde. L'ex maestro finisce così per dimenticare i motivi politici che lo hanno spinto a tornare al proprio paese ed inizia ad interrogare i pochi superstiti di quella misteriosa storia.

Attraverso gli atti del processo e i racconti reticenti dell'ex mugnaio Ludovico, di sua moglie Agnese, di don Serafino e di Gelsomina, la sorella di Lauretta (la promessa sposa di Luca, morta subito dopo la sua condanna), Andrea riesce a ricostruire parzialmente la vicenda. Apprende, infatti, che Luca Sabatini da giovane, sebbene fosse ancora innamorato di Ortensia, già moglie di don Silvio Ascia, un possidente locale, si era legato con una promessa a Lauretta. La sera precedente al delitto di cui sarebbe poi stato accusato (un mercante era stato ucciso e derubato), Luca avrebbe dovuto recarsi a casa di Lauretta per fissare la data del matrimonio: vi era però giunto in ritardo, in preda a una forte agitazione e, piangendo, si era dichiarato non degno dell'amore della ragazza, senza dare altre spiegazioni. Il giorno dopo Luca era stato trovato dai carabinieri vicino alle acque di un canale « con gli occhi stralunati »: interrogato, si era rifiutato di dire dove aveva trascorso la notte, e perciò era stato arrestato e processato. Lauretta aveva sempre creduto all'innocenza di Luca e lo aveva difeso durante il processo, ma nessun altro aveva testimoniato in suo favore. In realtà, Luca era stato visto da Ludovico sulla riva del canale dalle tre alle cinque della notte: sarebbe bastata questa testimonianza a scagionarlo, ma il parroco aveva invitato Ludovico a non intervenire e lo stesso Luca non aveva voluto che deponesse.

Andrea, ora, è deciso a scoprire le ragioni di quel silenzio colpevole: deve perciò sapere dove era stato Luca dalle 10 di sera, quando aveva lasciato Lauretta, alle 3 del mattino, quando Ludovico lo aveva visto vicino al canale. Nel corso della sua ricerca, Andrea viene a sapere che Ortensia, dopo l'arresto e la condanna di Luca, apparentemente impazzita, era stata ricoverata in manicomio, ma scopre anche che in realtà la pazzia per Ortensia era stata solo un espediente per poter lasciare senza scandali il marito e ritirarsi nel convento delle clarisse di Santa Chiara sul colle di San Rufino, dove era poi morta proprio l'anno prima della scarcerazione di Luca. Andrea si reca perciò dalla badessa del monastero, che lo informa dell'esistenza di un diario della poveretta. Così Luca, grazie all'interessamento dell'amico, può ricevere la prova della reciprocità dell'intensa passione che lo ha legato ad Ortensia. Poi, commosso dalla lettura del diario, poco prima del ritorno di Andrea a Roma, l'uomo apre finalmente il suo animo ad una lunga confessione e Andrea può ricostruire il tassello di storia che ancora gli manca. Luca si era visto sì quella sera con Ortensia ma prima di andare a casa di Lauretta. Il tenero addio di Ortensia, il primo e unico abbraccio, avevano rivelato a Luca che il suo amore era ricambiato. Questa consapevolezza lo aveva spinto a rompere, per onestà, ogni progetto con Lauretta e a vagare disperato col proposito di uccidersi. Giunto sulla cima del monte Perticara, da cui avrebbe voluto precipitarsi, Luca vi aveva trovato un mendicante che lo aveva distolto dal proposito. Era andato poi a Cisterna, con l'intento di buttarsi nelle acque del mulino, ma ne era stato impedito dalla presenza del mugnaio. Da ultimo, reciso ogni legame con la vita che gli appariva ormai priva di speranza, si era lasciato arrestare e condannare per un delitto che non aveva commesso.

La storia si svolge a Cisterna, un paesino dell'Abruzzo vicino all'Aquila, nell'immediato dopoguerra, ed è una storia d'amore raccontata come un giallo capovolto in cui non bisogna scoprire un colpevole ma le ragioni del comportamento di un innocente.

L'intreccio di presente e passato trova in questo romanzo maggiore equilibrio che non in altri e dà alla narrazione una certa omogeneità di sviluppo. Le due coordinate temporali formano, infatti, un tutt'uno difficilmente separabile: la storia d'amore di Luca è intimamente legata alla smaniosa ricerca di Andrea che insegue tenacemente la verità di un passato che si vuole tacere. I due piani si avvicendano così in un'atmosfera di mistero, in cui l'arte di Silone trova una delle sue più riuscite ed efficaci rappresentazioni.

Il procedimento tecnico di narrare le vicende per momenti successivi non immediatamente concatenati e di spiegare i tratti dell'azione secondo uno svolgimento che non è mai lineare ma di aggiunta graduale e di approfondimento parziale, non interrompe la continuità della scrittura, ma determina una forte tensione (nella scrittura e nei personaggi) che trova una sua risoluzione solo nel disvelamento del « segreto di Luca ».

I personaggi che meglio permettono l'incontro tra presente e passato sono i due protagonisti: Andrea e Luca.

Andrea è il rappresentante tipico dell'universo poetico siloniano e si ricollega, idealmente, tanto a Pietro Spina quanto a Rocco De Donatis. Anch'egli, infatti, è un personaggio allusivamente autobiografico e anch'egli cozza, col suo carattere forte ed irruento, contro una società contadina ostinatamente chiusa nei suoi valori: incarna alla lettera la fedeltà ai propri princìpi morali, ma finisce per diventare giudice dell'intera comunità, in quanto esige di conoscere le ragioni di un comportamento e di una rassegnazione non conformi al suo sentire. La *vis* polemica che lo anima e la sua volontà di incarnare escatologicamente un modello che è ben al di qua dal poter essere realizzato dagli altri, ne fanno una specie di profeta pronto a difendere, anche violentemente, i valori di sincerità ed umanità in cui crede.

La radicalizzazione del suo credo morale è dunque la causa prima della mancata soluzione del conflitto sociale di Andrea con gli abitanti di Cisterna. Quella di Andrea diventa allora una « crudeltà » cosciente e necessaria che si deve esercitare sugli altri e non si ferma davanti a nessuno, neppure dinanzi al vecchio don Serafino, che viene brutalmente richiamato ai doveri evangelici. La conseguenza logica di un atteggiamento così radicale esteso a tutti i membri della comunità, senza alcuna mediazione o compromesso, è la solitudine dell'« eroe ». Il cristianesimo di Andrea è pertanto quello « del ferro e del fuoco », cioè di uno che è venuto a « dividere e separare ».

Andrea, perciò, non può che diventare amico di chi, in modo altrettanto inequivocabile, è entrato in contrasto con le leggi che regolano il codice comportamentale dei cafoni: Luca. Questi, infatti, nutre un sentimento profondo per Ortensia e in nome di tale amore è pronto a sacrificare ogni cosa, finanche la libertà e la serenità della vita. In particolare, Andrea è attratto da Luca perché avverte tutta la forza ed il fascino di una spinta emotiva così ferma e radicale: i due si somigliano proprio in quanto esasperano i rispettivi ideali anteponendoli ad ogni compromesso o soluzione che possa apparire tale.

L'ossessione di Andrea, del resto, è la ricerca della verità: egli vuole comprendere fino in fondo le ragioni del segreto che i suoi concittadini nascondono e che nessuno sembra intenzionato a svelare: la soluzione della colpevolezza di Luca e della pazzia di Ortensia, soluzione che mantiene inalterato il codice d'onore cui ciascuno irremovibilmente si attiene, è più comoda per tutti.

La ricerca di verità di Andrea se, da un lato, dà unità e sviluppo all'intera vicenda, dall'altro sancisce anche una frattura tra i diversi modi di interpretare il comportamento di Luca. Dall'inchiesta, infatti, emergono via via figure di personaggi che con il loro silenzio proteggono gelosamente un passato che non deve essere neanche ricordato: l'atteggiamento degli abitanti di Cisterna, che evitano ogni contatto con Andrea, Luca e lo stesso don Serafino colpevole di voler ospitare i due, si spiega come il frutto dell'ostilità dell'intero paese contro chi non accetta i codici fatti propri dall'intera comunità. Ai loro occhi Luca, Andrea e don Serafino sono colpevoli perché, in un modo o nell'altro, mettono in discussione valori ritenuti naturali, unici e irreversibili e rinnegano l'immutabilità di un mondo, che è l'unica garanzia per il quieto vivere e la pacifica convivenza. E poiché chi non accetta la gerarchia morale non accetta nemmeno quella sociale, Andrea e Luca rappresentano un vero attentato contro la *stabilità*: sono due personalità inquiete e dinamiche che si muovono in un universo fermo e immutabile.

Per la gente di Cisterna, Luca Sabatini non si è reso colpevole di omicidio, ma di una colpa ben più grave: quella di non essersi adeguato a un codice comportamentale da tutti condiviso e di averlo infranto con la propria condotta « fuorilegge ». La comunità può tollerare *adulterio* e *coltel-*

li, amore e vendetta, ma non una passione che appare estranea ai canoni della tradizione « rusticana ». Perciò la ricerca di una libertà di sentimento che si eleva al di sopra di ogni regola appare più grave di qualsiasi delitto perché, essendo del tutto interiore, non lascia possibilità all'altro, al tradito, di intervenire escludendolo per sempre da un'intesa che non ha bisogno nemmeno dei gesti per essere riconosciuta. I due possono essere anche allontanati e don Serafino può proibire a Luca di guardare Ortensia, ma la situazione rimane, di fatto, immutata; essi sono colpevoli perché non hanno permesso alcuna riparazione: non vi è stata alcuna espiazione collettiva e il loro sentimento ha trionfato. Luca dalle carceri e Ortensia dal convento continuano ad amarsi e a lanciarsi messaggi, unici attori del loro dramma: alla comunità non viene lasciato alcun diritto di intervento e di mediazione.

Andrea, nel suo desiderio irrequieto di capire, sembra stabilire soltanto la sua lontananza razionale dai valori, dai sentimenti, dall'atteggiamento ostico e passivo dei suoi compaesani. Eppure, ossessionato da un passato che non gli dà requie, finisce con l'essere sempre più coinvolto emotivamente nella storia di Luca.

Dimenticati i motivi ideologici che l'hanno indotto a venire a Cisterna, Andrea, profondamente impressionato dalla vicenda privata di Luca e Ortensia e dalle sue ripercussioni, scopre la forza delle proprie radici attraverso il confronto con i suoi concittadini, cioè con un mondo senz'altro lontano dai suoi princìpi che non riesce, tuttavia, ad essergli indifferente.

La volpe e le camelie

La volpe e le camelie fu scritto nel 1959. In realtà il romanzo è il rifacimento, molto ampliato, del racconto *La volpe* scritto nel 1934 ed incluso nel volume, mai apparso in italiano, *Il viaggio a Parigi*, una raccolta di novelle che, scritte originariamente per un giornale svizzero, Silone avrebbe poi ripudiato. Il racconto iniziale di quella raccolta era già stato ripreso e sviluppato dall'autore per una nuova edizione pubblicata a puntate, nel '59, sul settimanale « Il Mondo », con lo stesso titolo. Nel 1960, infine, la storia appare in forma di romanzo nella stesura finale, notevolmente approfondita nei temi e nei significati, nella collana « Narratori italiani » di Mondadori col titolo definitivo *La volpe e le camelie.*

La volpe e le camelie è l'unico romanzo di Silone non ambientato nella Marsica ma nel Canton Ticino, in Svizzera, dove l'autore soggiornò durante l'esilio. Tuttavia, benché la storia si svolge in una zona così diversa da quella abruzzese, i personaggi mantengono intatta la tensione morale tipica di tutti i personaggi di Silone.

La vicenda si svolge negli anni Trenta e ne è protagonista Daniele, il proprietario di un piccolo podere nei pressi di Locarno.

La trama

Daniele ha trascorso un'infanzia e un'adolescenza difficili a causa del carattere del padre, Ludovico, un agricoltore benestante tutto preso dal suo lavoro. Così, poiché mal sopporta l'autoritarismo del padre, quando la madre, una donna sensibile, nipote di un esule italiano della Prima internazionale, muore, Daniele abbandona la casa. Si stabilisce a Sciaffusa, dove trova lavoro come operaio metallurgico e dove sposa Filomena da cui ha due figlie, alla maggiore delle quali dà il nome della madre, Silvia. Proprio Silvia, un giorno, approfittando di una gita scolastica, si reca a trovare il nonno paterno che non ha mai conosciuto. Toccato dalla spontaneità della nipote, l'uomo, ormai solo, si decide a scrivere a Daniele nominandolo erede del suo podere; pone però una condizione: se lo vorrà avere, dovrà lavorarlo. Così, quando il padre muore, Daniele fa ritorno a Locarno e riprende a fare il contadino superando, con la stessa caparbietà di Ludovico, le iniziali difficoltà.

Daniele, all'insaputa dei suoi familiari, svolge attività

antifascista con Agostino, un socialista italiano rifugiatosi in Svizzera. Un giorno riceve la visita di Nunziatina, una vecchia sartorella di origine italiana, la quale gli confida che uno strano signore è andato da lei a chiederle informazioni politiche sugli italiani residenti a Locarno. Daniele mette al corrente della cosa Agostino e insieme ne deducono che l'uomo è una spia fascista. Così, per saperne di più, invitano la sartorella a seguire le indicazioni dello sconosciuto presentandosi all'appuntamento con un giovane venuto dall'Italia per indagare sugli esuli antifascisti. Agostino assiste all'incontro e, al termine del colloquio, aggredisce la spia e la ferisce.

Daniele, messo al corrente dell'accaduto dal falegname Franz, teme che l'azione avventata di Agostino possa avere ripercussioni negative sul movimento clandestino antifascista. Cerca perciò di capire per le strade e i caffè di Locarno se la notizia è già di dominio pubblico, ma si accorge che la gente del paese è interamente presa dai preparativi per la festa delle camelie. Comunque, a scopo precauzionale, decide di allontanarsi dal paese per qualche giorno insieme con Agostino.

Quando, alcuni giorni dopo, torna a casa, Daniele viene a sapere che durante la sua assenza i suoi familiari hanno dato ospitalità a un giovane feritosi in un incidente d'auto, proprio nei pressi della loro abitazione: un ingegnere o ragioniere di Varese, un certo Cefalù. Silvia se n'è innamorata, ma Daniele diffida del giovane che è stato preferito dalla figlia ad Agostino. Anzi, il padre, deluso, cerca di dissuadere Silvia, ma i rapporti tra i due appaiono definitivamente compromessi. Tuttavia, allorché Cefalù manifesta le intenzioni di ritornare in Svizzera per ufficializzare il rapporto, Daniele si rende disponibile a farne la conoscenza. La visita del giovane ha, però, un epilogo sconcertante: poco prima che Daniele possa incontrarlo, le donne di casa gli comunicano che Cefalù è fuggito, non senza aver rovistato tra i cassetti e le carte dello studio di Daniele ed avervi trovato documenti compromettenti e opuscoli clandestini. Daniele vede così compromessa la sicurezza dell'intera organizzazione degli esiliati e, preoccupato, avverte subito gli interessati. Naturalmente, egli ritiene la figlia colpevole di quanto è successo e non le nasconde il proprio rancore.

L'indomani mattina, però, un vecchietto porta la notizia del suicidio di un giovane, che si è gettato in automobile nelle acque del Locarno: è Cefalù. La morte riscatta la figura del giovane, ma Filomena teme che Daniele possa essere soddisfatto di quanto è successo, perché risolve i suoi timori, senza capire il dolore della figlia. Daniele, invece, anch'egli turbato dalla tragica fine del giovane, trova il modo di riavvicinarsi a Silvia.

Simbolicamente la volpe rappresenta la furbizia, il nemico scaltro pronto ai diversi raggiri; le camelie, invece, sono il simbolo della festa e dell'innocenza.

La linearità del romanzo è interrotta da frequenti salti a ritroso e dai conseguenti recuperi tematici, tipici dei modi narrativi di Silone. La vicenda principale, inoltre, si dirama in episodi secondari e paralleli che trovano la loro giusta collocazione nell'economia del romanzo con il procedere della narrazione. Questi continui scarti costringono il lettore a partecipare attivamente allo sviluppo della trama collegando da solo le diverse parti di cui è costituita. Il ritmo del racconto è lento e il periodare breve. Come al solito, dal punto di vista stilistico-espressivo sono presenti abbondantemente nella pagina le figure della gradazione e dell'iterazione.

I personaggi che meglio rappresentano il contrasto che sta alla base del racconto sono Daniele e Silvia. Padre e figlia, infatti, sono legati tra loro da un rapporto di stima, di comprensione e di confidenza, ma l'improvviso innamoramento di Silvia sembra minare in maniera decisiva il loro rapporto. Dal dissenso che li separa emergono gli aspetti egocentrici che a volte si accompagnano alla ribellione. Il padre ha altri progetti per la figlia ed ha in mente, per lei, un modello di uomo che rispecchi a pieno le sue aspirazioni ed i suoi ideali politici: non può quindi comprendere i sentimenti di Silvia ed appare risoluto a mantenere ferma la sua rigida posizione. Il rischio di Daniele è quello di diventare disumano e di considerare la vita solo in funzione dell'attività politica; ed è proprio questo che gli rimprovera la moglie Filomena in un colloquio con l'altra figlia, Luisa, a proposito del suicidio di Cefalù, l'innamorato di Silvia:

Filomena guardava per terra con occhi torvi e diffidenti.

« Non possiamo nascondergli una notizia che lo riguarda » insisté Luisa.

« Egli ce lo potrà rinfacciare. »

« Ho paura che la notizia gli faccia piacere » mormorò Filomena. « Solo di questo ho paura. »

« Papà non è crudele » disse Luisa.

« È però fanatico » ribadì la madre. « Ho paura che egli si metta a ridere di soddisfazione. »[70]

Si fa strada nel romanzo la tesi di una trasformazione del carnefice in vittima, con l'impossibilità di distinguere nettamente i buoni dai cattivi, la « volpe » dalle « camelie ». Il gesto improvviso, e inatteso, di Cefalù sancisce proprio questa possibilità di « conversione » che riguarda tutti gli uomini: allorché scopre la compromissione di Daniele con gli antifascisti, il giovane non se la sente di denunciare il padre della sua fidanzata e decide di suicidarsi. Il tragico gesto del giovane provoca lo stemperamento, attraverso la pietà, della rudezza di Daniele. Ora egli può riavvicinarsi a Silvia:

« Ho letto la notizia » disse.

Con lo sguardo fisso al fuoco, Luisa cominciò a tremare in attesa del seguito.

« Mi dispiace per quel povero ragazzo » il padre aggiunse lentamente. « Non era cattivo. »

Più che dalle parole Luisa rimase commossa dalla sua voce rauca piena di compassione. [...]

Daniele andò a sedersi vicino al camino e stese le mani per scaldarsi.

« Come sta Silvia? » egli domandò.

« Piange » rispose Luisa asciugandosi gli occhi. « Le lagrime non risuscitano i morti, ma che altro si può fare? »

« Mentre tu mi prepari il caffè » disse Daniele « io salgo un momento da lei. »[71]

Silone avrebbe dovuto dare, tuttavia, maggiore profondità e ampiezza di narrazione a questi aspetti del romanzo che sembrano calati improvvisamente alla fine del racconto e vi trovano una risoluzione troppo brusca e inaspettata.

Più compiute appaiono, invece, le pagine del romanzo in

cui l'azione narrativa si attarda, al di là di ogni sviluppo tematico, sulla figura di Daniele e sul suo sacro attaccamento alla terra, su quella di Silvia e sul suo essere attratta dalla misteriosa personalità del nonno, e su quella di Filomena e sul suo accettare supinamente il proprio destino.

La vita di queste creature semplici, la loro religiosità naturale e il loro stesso poter confidare solo in Dio senza mai essere al riparo da niente, mettono ancora una volta in evidenza la capacità di Silone di interpretare, anche in un contesto così lontano dal paesaggio abruzzese, la vita dei contadini, con i suoi dolori e le sue speranze.

Uscita di sicurezza

Gli scritti raccolti nel volume *Uscita di sicurezza* (Vallecchi, Firenze 1965) contengono diversi interventi sia di tipo saggistico che di tipo narrativo. Nel volume, racconti e saggi si avvicendano senza che si avverta alcuna frattura stilistica e costituiscono una sorta di ideale autobiografia dell'autore. Anzi, la ricostruzione della propria vicenda di uomo e di scrittore che Silone viene attuando di pagina in pagina, dà all'insieme una perfetta organicità di carattere quasi narrativo.

Il libro, insomma, appare ben compatto e i vari testi in cui si articola, siano essi racconti, brani autobiografici o saggi, sono sempre in linea con le concezioni morali e ideologiche dell'uomo. Silone sembra trovare in questo genere uno spazio di scrittura che gli è particolarmente congeniale. Alcune volte, il limite dei suoi romanzi era proprio costituito dalle incertezze della struttura narrativa e dalla « retorica moralisteggiante » di alcuni eroi e di alcune pagine esemplificative. Liberato dall'architettura del romanzo, invece, Silone riesce, nei singoli episodi, a trovare il registro di scrittura che è proprio dei suoi testi migliori.

Quella di Silone è una timidezza che si rivolge in aggressione: un'antica diffidenza che diventa aperta ostilità per la parola e il linguaggio in genere, in quanto prerogative degli istruiti. Il brusco mirare alla verità dei fatti, la prosa lenta, ripetitiva nelle descrizioni e nei monologhi e veloce, invece, nei dialoghi, il tono quasi profetico di chi avverte l'urgenza del comunicare possono dare, a volte, un senso di fastidio e provocare quasi un rifiuto nel lettore della sua opera. Queste caratteristiche, tuttavia, si mitigano in *Uscita di sicurezza*: una prosa chiara, piana, senza alti né bassi, che argomenta per intime convinzioni e col continuo supporto dell'esperienza, fa da connettivo del libro. Macerata a lungo nella propria riflessione interiore, la scrittura di Silone perviene, con immediata semplicità, a un'intensa misura di persuasività.

In *Uscita di sicurezza* l'*ars* oratoria dello scrittore fa continuo riferimento alla sua vita: scrittori, uomini politici, intellettuali diventano dunque, con Silone e gli immancabili cafoni abruzzesi, i protagonisti di questo libro. Il testo ci permette di cogliere quei fatti emblematici che, maturati nella sua esperienza di uomo, saranno ripresi dall'autore per alimentare e sostanziare la sua narrazione. Attraverso il percorso memoriale e intellettuale che contraddistingue la raccolta, Silone ci dà anche modo di distinguere i momenti importanti della sua formazione. Il libro ripercorre, infatti, le tappe cruciali dell'uomo e dello scrittore: l'adolescenza, vissuta tra la miseria dei cafoni, la primitiva ribellione all'ingiustizia sociale, la militanza politica nel Partito comunista e poi il doloroso distacco da esso e le riflessioni, amare, sull'evoluzione ambigua e contraddittoria della società contemporanea.

Gli interventi che compongono il volume sono:
Visita al carcere, un racconto incentrato su un episodio della preadolescenza di Silone ambientato nella sua terra;
La chioma di Giuditta, un racconto anch'esso incentrato su un episodio dell'adolescenza;
Incontro con uno strano prete, ove si narra la fuga dal collegio del giovane Silone e il suo incontro con don Orione;

Polikusc'ka, un racconto, sempre legato all'epoca dell'adolescenza, in cui Silone rievoca le volte in cui lesse ai cafoni del suo paese l'omonimo racconto di Tolstoj;

Uscita di sicurezza, il primo saggio presente nella raccolta, quello che dà il titolo al libro. Già apparso nella rivista «Comunità» (settembre-ottobre 1949, n. 5) e con il titolo *Il dio che è fallito* nel volume *Testimonianze sul comunismo* (Edizioni di comunità, Ivrea 1950), l'intervento suscitò la risentita risposta polemica di Togliatti, in parte riproposta in una nota del saggio[72];

Situazione degli ex, il testo italiano di una conferenza in lingua tedesca tenuta dall'autore a Zurigo il 25 febbraio 1942;

La scelta dei compagni, un altro intervento sull'abiura dal comunismo;

La lezione di Budapest, traduzione di un articolo, apparso sull'«Express» di Parigi il 7 dicembre 1956, riguardante i fatti d'Ungheria;

La pena del ritorno, un racconto autobiografico in cui Silone narra il suo ritorno al paese natale dopo la parentesi dell'esilio e della guerra.

Ripensare il progresso, un lungo saggio, a chiusura del volume, sull'evoluzione della società contemporanea e sui suoi repentini cambiamenti.

Nel libro sono numerosi i riferimenti a fatti e personaggi che ritroviamo nei romanzi di Silone. In *Polikusc'ka*, ad esempio, compare la mitica tromba con cui i contadini convocavano le loro assemblee, e che è al centro della narrazione in *Una manciata di more*. Sempre in *Polikusc'ka*, inoltre, Silone parla di un membro della lega contadina, Lazzaro: lo stesso nome del custode della tromba in *Una manciata di more*. Nel saggio centrale, *Uscita di sicurezza*, invece, Silone scrive di un principe proprietario delle terre emerse dal prosciugamento del lago di Fucino. L'episodio e il principe sono gli stessi di *Fontamara*. Ne *La pena del ritorno*, Silone, raccontando il suo ritorno in Abruzzo, tra l'altro scrive:

> Non è facile, in età matura, tornare nei luoghi dell'infanzia, se durante l'assenza il pensiero non se n'è mai distaccato, se in quei luoghi, da lontano, si è continuato a vivere avvenimenti immaginari. Può essere perfino un'avventura pericolosa. Così fui assai penosamente imbarazzato quando, qualche giorno dopo che i giornali e la radio ebbero annunziato, assieme ad altri, il mio ritorno in Italia, dovetti ricevere a Roma una bizzarra delegazione di paesani, composta di rappresentanti di gruppi politici e d'autorità locali, incaricata di propormi un programma di cerimonie per festeggiare il ritorno nella regione natale. Colto alla sprovvista non seppi improvvisare un qualsiasi discorsetto atto a dissimulare, con argomenti convenzionali, i brividi di ribrezzo che mi dava la sola idea di tornare, accolto da manifestazioni di chiasso e di retorica, in quei luoghi per me carichi di ricordi di indicibile tristezza.[73]

Non è difficile riconoscere tra le righe di questa citazione lo stesso disagio e lo stesso bisogno di trasgressione che prova Andrea Cipriani, ne *Il segreto di Luca*, al momento del suo ritorno a Cisterna.

Il libro è così ricco di questi rimandi letterari che il lettore stenta a separare la vicenda autobiografica dell'autore dai romanzi che, attraverso i personaggi, ne rispecchiano in maniera impressionante la vita. Allorché, ne *La pena del ritorno*, Silone fa affermare da una guardia municipale che Lazzaro visse nei guai « perché non sapeva farsi i fatti suoi », è davvero difficile cogliere una differenza sostanziale tra l'episodio in questione (forse realmente accaduto) e le innumerevoli volte in cui la frase è pronunciata nella finzione narrativa. Del resto, a rendere ancora meno marcato il confine tra questi racconti autobiografici e le altre opere di Silone è il ricorso al dialogo per rievocare gli episodi della vita passata.

In ultima analisi, protagonista del libro è Silone che, alla stregua dei vari Pietro Spina, Andrea Cipriani e Rocco De Donatis, si scontra con l'ipocrisia della società che lo cir-

conda e va alla ricerca di una verità che meriti di essere te-
stimoniata.

L'avventura di un povero cristiano

L'avventura di un povero cristiano fu scritto nel 1966-67 e
pubblicato da Mondadori nel 1968 nella collana « Narratori italiani ». Il libro, in forma di dramma e suddiviso in tre
tempi, è preceduto da una premessa (*Quel che rimane*) in
cui Silone fa il punto della sua ricerca umana e politica,
dopo le diverse esperienze della sua vita, soffermandosi anche sulla figura di Celestino V e sul fascino particolare che
questa ha esercitato su di lui e sulla religiosità abruzzese.
Chiudono il libro delle « Note », necessario supporto storico alla vicenda.

Il dramma si svolge in sei diversi momenti, ad ognuno
dei quali corrisponde una particolare ambientazione. La
successione temporale va dal maggio 1294 alla fine del
1295. I luoghi in cui si svolge l'azione sono, nell'ordine,
Sulmona, l'eremo di Sant'Onofrio, Napoli, di nuovo Sulmona, quindi Vieste ed Anagni. I sei momenti principali
del dramma sono a loro volta suddivisi in scene precedute
da un sottotitolo che introduce il nuovo argomento della
narrazione.

L'intera vicenda è incentrata sulla figura di Pietro da
Morrone, un eremita eletto papa nel 1294 con il nome di
Celestino V. Dopo un breve pontificato, egli preferì abdicare lasciando il soglio pontificio a Bonifacio VIII, ma in
seguito fu catturato e imprigionato, per ordine del nuovo
papa, nella rocca di Fumone, dove morì il 19 maggio 1296.
Fu proclamato santo il 5 maggio 1313 da papa Clemente V
in Avignone.

Sin dalle prime pagine del libro, il lettore si trova proiet-
tato nel clima di dispute teologiche e controversie religiose
che caratterizzò la cristianità nel XIII secolo, quando l'ordine francescano si divise tra i cosiddetti spirituali (osser-

vanti alla lettera della regola di San Francesco) e conventuali (meno rigidi e più vicini alla Chiesa istituzionale).

La trama

Il dramma si apre a Sulmona in una piazzetta appartata ai piedi del monte Morrone. Matteo, un tessitore, e sua figlia Concetta, una giovane artigiana, accolgono alcuni fraticelli spirituali giunti per parlare con fra Pietro suscitando l'apprensione del vescovato, del parroco, don Costantino, che riceve l'ingrato compito di verificare l'ortodossia dei nuovi arrivati, e della gendarmeria. L'incontro ha luogo mentre i cardinali sono ancora riuniti in conclave a Perugia, dopo due anni di inutili scontri tra le potenti famiglie degli Orsini e dei Colonna, per l'elezione del nuovo papa.

Gli spirituali sono raggiunti da fra Bartolomeo da Trasacco, monaco morronese e ambasciatore di fra Pietro, ma proprio in quel momento sopraggiungono anche il gendarme e il balivo con l'intenzione di portar via i fraticelli ed interrogarli. A salvarli, però, giunge lo stesso fra Pietro che riesce a convincere il balivo a recedere dai suoi propositi.

La scena si sposta poi nell'eremo di Sant'Onofrio. Siamo ora nel luglio del 1294. Fra Pietro da Morrone è stato già proposto quale nuovo pontefice dal conclave dei cardinali, e alcuni morronesi e fraticelli spirituali discutono sulla scelta del nuovo papa. All'eremo arrivano prima un messo vescovile poi un messo regale per sollecitare la partenza per l'Aquila di fra Pietro, ancora intento a pregare. Prima della partenza il nuovo pontefice si intrattiene con un fraticello, fra Ludovico, cui confida le proprie perplessità e paure.

A questo punto si conclude quello che Silone chiama «primo tempo». La scena si sposta poi a Napoli, nell'ottobre 1294, nella residenza provvisoria di Pietro da Morrone ormai diventato papa con il nome di Celestino V. Egli ha voluto con sé due frati morronesi, fra Bartolomeo e fra Angelo, ma è deluso per il comportamento degli altri morronesi che cercano di trarre dei benefici dalla sua elezione a papa.

La semplicità di Celestino V, intanto, provoca un diffuso e crescente mormorio di disapprovazione tra i prelati della curia. Il papa scopre, tra l'altro, di essere stato ingannato dal suo segretario e rifiuta di firmare documenti prima di aver appurato che cosa contengono. Emerge così la riottosità di Celestino a prestarsi a qualsiasi tipo di strumentalizzazione e a venire a patti con la sua coscienza, né sortisce alcun effetto l'intervento dissuasivo del cardinale Caetani.

Pian piano, intanto, s'insinua nell'animo del papa un sentimento di solitudine e di amara impotenza. Ai contrasti con la curia si aggiungono ben presto quelli col re: dopo l'iniziale e ingenua accettazione dei « servigi » di Carlo II, Celestino V si accorge di essere stato usato per finalità politiche, e si rifiuta di benedire le truppe dei soldati in procinto di partire. L'unico conforto, nella delusione generale, fra Pietro lo riceve dalla presenza amica di fra Angelo, di fra Bartolomeo e di due giovani chierici. Quando però la sua condizione diventa intollerabile, Celestino manifesta al cardinale Caetani il proposito di ritirarsi: si incontra così con i cardinali e rinunzia al papato. Si conclude a questo punto il secondo tempo.

Il quadro si sposta a Sulmona nel gennaio del 1295. Il cardinale Caetani, divenuto papa col nome di Bonifacio VIII, per impedire che Pietro da Morrone possa essere rapito e strumentalizzato dai francesi, emana un ordine di cattura contro di lui. L'azione si sposta poi nel rifugio di Pier Celestino sul Morrone. Con lui sono fra Clementino, fra Bartolomeo, i due chierici, divenuti frati col nome di fra Luca e fra Gioacchino, e fra Angelo. Un mendicante li sorprende e chiede un pezzo di pane: in realtà si tratta di una spia della gendarmeria e Pier Celestino è costretto a fuggire di nuovo, in cerca di un rifugio più sicuro. Si reca, infatti, a Vieste, sulla costa meridionale del Gargano e in una grotta, a mezza costa di un promontorio, attende di imbarcarsi per la Grecia.

Siamo nel maggio 1295 e al rifugio di fra Pietro giungono Matteo e Concetta che apprendono da fra Clementino e da fra Gioacchino che il tentativo di Pier Celestino di raggiungere la Grecia è fallito per un naufragio e che questi è stato fatto prigioniero da Bonifacio VIII. Concetta propone di scoprire dove è stato imprigionato il vecchio frate per aiutarlo.

Col quadro successivo l'azione si sposta ad Anagni, nel palazzo Caetani. Bonifacio VIII cerca di convincere il suo prigioniero a condannare alcuni fraticelli spirituali, ma Pier Celestino afferma che egli non è in grado di erigersi a giudice della loro coscienza: emerge, dal colloquio tra i due, una visione antitetica della Chiesa.

La scena si sposta nuovamente; questa volta l'azione è proiettata in un angolo di via scarsamente illuminato di Anagni, dove fra Gioacchino e Concetta si incontrano con fra Tommaso per avere notizie di Pier Celestino: vengono a sapere, così, che questi non è più nel palazzo di Anagni ma prigioniero nella rocca di Fumone.

Il libro si chiude con il presagio di fra Tommaso dell'uccisione di Celestino e della sua successiva proclamazione a santo.

La storia di Celestino V non è narrata attraverso un procedimento lineare, ma per salti narrativi e successione di blocchi che gradualmente contribuiscono a dare forma e senso all'intreccio. Ne deriva una certa staticità, pur nei continui cambiamenti d'ambientazione, che dà maggior risalto e spessore morale alla parola. È chiaro che ci troviamo di fronte a un romanzo in forma di dialogo (o dramma) e che Silone non ha assolutamente l'intenzione di scrivere un'opera per una messa in scena teatrale. Il genere drammatico si presta semplicemente meglio all'*intentio* dell'autore, snellisce di molto la struttura del racconto rispetto al romanzo e permette un intervento più diretto dei personaggi con brevi introduzioni di cornice atte a spiegare e descrivere: il tutto, poi, contribuisce a rendere la parola vera protagonista del libro e a dare una sobria vivacità alla narrazione. Silone, dunque, non ha intenzione di seguire un genere ma di adattarlo semplicemente all'istanza della sua materia.

Il nucleo concettuale e narrativo del testo è costituito dal dramma interiore di un uomo, Celestino V, che per seguire Dio e la sua coscienza non ha altra possibilità che quella di abdicare dalla storia: i tempi in cui egli vive, infatti, non consentono alcuna possibilità di conciliazione tra l'esercizio del potere e la fedeltà ai propri valori e ai propri princìpi morali.

Il caso Celestino V è un fatto storico che per più di un motivo doveva attrarre l'attenzione di uno scrittore come Silone. Si tratta, inoltre, di un caso limite che radicalizza (e quindi semplifica e schematizza) uno dei problemi che maggiormente ha angustiato Silone uomo e scrittore: il rapporto dell'individuo con le istituzioni e la tentazione del potere che deriva dall'accedervi.

In un momento storico particolarmente « buio » (la successione delle sezioni e delle scene, in cui il testo si articola, è anche una successione di buio e di luce che segna ancor più netta la demarcazione e l'isolamento tra un quadro e l'altro) è oltremodo difficile, per chi ha cara l'onestà della coscienza, trovare un compromesso tra gli ordinamenti che rispecchiano una data società e la propria tensione morale. In questo caso la fuga e la rinuncia al potere appaiono l'unica possibilità per chi vuole continuare a difendere l'umanità di un messaggio e a sperare. Afferma in proposito Pier Celestino:

> Sì, mi ero rifiutato di partire, hai ragione di ricordarmelo. L'esilio è triste, dicevo, è un modo di confessare la propria sconfitta e lasciare il campo all'avversario. Ma qui ormai che ci sto a fare? I miei figli e fratelli sono dispersi [...]. Figli miei, guardate questa terra, queste pietre, il mare, il cielo; riempitevi l'anima di queste immagini, per ripensarle da lontano. Bisogna amare la propria terra, ma, se essa diventa inabitabile per chi vuole conservare la propria dignità, è meglio andarsene. La nostra giustificazione non è spregevole poiché non ci viene suggerita dalla pigrizia, ma dalla missione che ci rimane[74].

In un'epoca di violenze e di inganni a un cristiano si offrono ben poche alternative. Egli può tutt'al più tentare di mantenere desta la sua fede in attesa di tempi migliori: a lui compete, anzitutto, « la funzione della massaia che la sera ricopre di cenere la brace del camino, per poter più facilmente, l'indomani, riaccendere il fuoco »[75].

3
L'IDEOLOGIA

Silone, come ha scritto R.W.B. Lewis, «ebbe poche occasioni di essere italiano»[1], sia per la pericità della sua nascita e della sua formazione, sia per il lungo periodo (1921-1944) che egli trascorse nella clandestinità e nell'esilio in Svizzera. Di fatto, la nascita e la formazione in una regione isolata e culturalmente marginale come la Marsica e l'impegno politico e l'esilio hanno a lungo tenuto lontano Silone dalle esperienze culturali italiane del suo tempo e hanno fatto di lui quello che si può definire un isolato.

La cultura italiana nei primi decenni del Novecento

Nel primo quindicennio del nuovo secolo una forte inquietudine, impastata di tensione ideologica e di insoddisfazione della tradizione, provoca nuovi fermenti in campo artistico. Se è vero che in quegli anni il carduccianesimo è un fenomeno ancora vivo e che Pascoli e soprattutto D'Annunzio mantengono ancora un ruolo di primo piano che influenza larghi strati delle nuove generazioni, è altresì vero che un'ansia di rinnovamento, posta sotto il segno della rottura, si concretizza nell'esperienza di alcuni movimenti avanguardisti che sperimentano, seppure in maniera velleitaria, il malessere emergente nella società del tempo. Così, sia i Crepuscolari, con il tono dimesso e prosaico della loro poesia tesa a privilegiare le zone poco frequentate del quotidiano, sia i Futuristi, che in modo roboante violano la tradizione letteraria in nome dei miti del progresso e del rinnovamento culturale, si oppongono ai moduli dannunziani. Ed è in quegli stessi anni che « La Critica » di Croce (1903-1944) compie i primi passi: e anche se ignora e liquida sbrigativamente alcune correnti fondamentali del Novecento (la psicanalisi, le avanguardie artistiche europee, gli sviluppi del pensiero marxista, la linguistica, il pensiero scientifico) la rivista ha un ruolo essenziale per la formazione di tanti intellettuali.

Nello stesso periodo, in Europa, alcune voci, con ben più profonda problematicità, diventano interpreti di una crisi che lacera irrimediabilmente la coscienza dell'uomo e di riflesso quella dei personaggi attraverso i quali gli intellettuali si esprimono. Si cerca allora di dare struttura adeguata al romanzo chiamato a dare corpo, attraverso nuove tecniche narrative, a queste istanze: si pensi alle opere di Kafka, Mann, Joyce e Proust, e, in Italia, alle opere di Pirandello, Svevo e Tozzi, anche se nel nostro paese la fortuna di questi testi sarà a lungo contrastata da una critica attardata dietro modelli obsoleti.

Con la fine della prima guerra mondiale, le esperienze avanguardiste si possono considerare concluse e i gravi problemi che si presentano alla società italiana alimentano un crescente scetticismo circa l'impegno dei letterati. Del resto, i tentativi di Gramsci su « L'Ordine nuovo » e di Gobetti su « La Rivoluzione liberale » e « Il Baretti » per una diversa concezione dell'attività letteraria sono ben presto interrotti dalla dittatura fascista. Così, il distacco dalle istanze della storia sembra l'unica possibilità che si offre al letterato per sancire una propria autonomia. In questo ambito va collocato anche il richiamo alla tradizione illustre della prosa italiana operato dagli scrittori che ruotano attorno alla rivista « La Ronda ».

Il consolidarsi del fascismo dopo il delitto Matteotti mette duramente alla prova il mondo della cultura. L'esaltazione di una letteratura « strapaesana » e di una cultura autarchica rischiano di allontanare maggiormente l'Italia dalle esperienze che parallelamente si svolgono in Europa. Ben si capisce allora l'importanza che acquista la rivista « Solaria » (1926-1936) che in quegli anni favorisce la conoscenza degli autori stranieri e il superamento della prosa d'arte. Basti pensare all'insistenza con cui ricorrono in essa i nomi di Proust, Joyce e Kafka, alla manifesta simpatia per Eliot e Valéry e alla valorizzazione delle opere di Svevo e Tozzi. Nonostante questa apertura, per molti scrittori, e soprattutto per molti poeti, gli unici itinerari percorribili sembrano il rifugio nel proprio Io, la solitudine esistenziale e l'assolutizzazione della parola sottratta a ogni riferimento storico: prende consistenza in questo ambito la nuova poesia che vede in Ungaretti e in Montale le sue voci più rappresentative. In Italia, tuttavia, trova anche spazio una narrativa che marcia controcorrente e che si oppone, più o meno coscientemente, all'estetismo calligrafico della prosa d'arte. Significative, in tal senso, sono soprattutto opere come: *Gli indifferenti* di Moravia (1929), *Gente in Aspromonte* di Corrado Alvaro (1930), *Il garofano rosso* di Elio Vittorini (1933-'34 su « Solaria ») e *Tre operai* di Carlo Bernari (1934).

L'avventura della povertà

Come Silone stesso afferma, le circostanze della sua giovinezza lo condussero a vivere « tre esperienze essenziali: la povertà, la religione, il comunismo »[2]. E sono proprio queste esperienze che informeranno poi, nel bene e nel male, tutta la vita di Silone e caratterizzeranno la sua arte.

La *povertà* per Silone è un fatto congenito: è il « fondo », il luogo naturale in cui egli trascorre la prima parte della sua vita in stretto contatto con i cafoni della Marsica. Abruzzo e povertà costituiscono dunque un binomio difficilmente separabile nel suo pensiero. Tra l'altro, essi hanno generato un particolare concetto di santo eremita che trova proprio in questa terra un'illustre esemplificazione in Pietro da Morrone:

> San Celestino V è certamente da ammirare come il più abruzzese dei Santi: non si può capire un certo aspetto dell'Abruzzo senza capire lui[3].

Per questo motivo la povertà, per Silone, non rappresenta soltanto una dura esperienza di vita (« l'accettazione della "croce" come elemento indissociabile della condizione umana »[4]), ma un ideale cui aspirare e un momento indispensabile nella maturazione di un uomo. Povertà diventa allora anche sinonimo di libertà, soprattutto per chi è predestinato, dalla sua condizione sociale, a un modello di vita borghese. Essa, sotto questo profilo, è possibilità pressoché illimitata di lotta e di condivisione della vita degli altri. Indicativa, in questo senso, è la vicenda di Pietro Spina ne *Il seme sotto la neve*. Pietro Spina, infatti, lascia la casa borghese della nonna e va ad abitare in un vecchio mulino dove condivide la vita estremamente povera (ed eremitica) di Simone-la-faina e di Infante, un sordomuto emarginato da tutti. La povertà è pertanto la virtù che distingue il nuovo tipo di eroe siloniano, un eroe che deve necessariamente rompere i ponti con tutto quanto lo allontana da essa per ritrovare un dialogo più veridico con i miseri della terra (i cafoni dell'altro fronte umano).

La povertà, d'altro canto, accompagna inesorabilmente la vita del rivoluzionario costretto a vivere clandestinamente: essa, infatti, stabilisce un'appartenenza e una fede, ma risulta anche libertà d'azione. Da questo punto di vista tutti i personaggi protagonisti dei romanzi di Silone sono poveri. Povero è Pietro Spina, in *Vino e pane*, che, malato e perseguitato, deve adattarsi a tutte le situazioni e ricorrere a ogni sorta di sotterfugi per continuare a lottare e sperare. Povero è Rocco De Donatis che rinuncia ad esercitare la sua professione per impegnarsi accanto ai suoi amici cafoni e povero è Andrea Cipriani, indifferente alla logica dell'arrivismo politico. La rigorosa morale siloniana, con le sue venature tipicamente giansenistiche, non ammette cedimenti nella caratterizzazione del nuovo eroe (o anti-eroe) che deve essere prima di tutto povero nel senso francescano del termine:

> Povertate è nulla avere
> è nulla cosa poi volere
> e ogni cosa possedere
> in spirito di libertate.

L'immagine-simbolo di questo modello di povertà trova allora in Pietro da Morrone e nei suoi fraticelli la più riuscita esemplificazione.

Diretta conseguenza di questa morale della povertà è una morale dell'«azione»: la letizia spirituale permette di servirsi della povertà materiale per essere docili all'imprevisto della vita. L'azione, in effetti, è una componente costante e imprescindibile dei personaggi di Silone che, con il loro atteggiamento di rottura e di provocazione, si pongono appunto come «eroi in azione». Il primo a sottolineare come questo aspetto sia connaturato al romanzo contemporaneo e, in modo particolare, ad alcune opere di Silone è stato Richard W.B. Lewis, che in proposito scrive:

> In un'epoca che in tanto vasta misura è caratterizzata dal senso d'uno «sradicamento» l'immagine del viaggio avventuroso – della vita come succedersi d'incontri provvisori – s'impone spontaneamente al romanziere attento. *The Power and the Glory* (Il potere e la gloria) di Greene tratta appunto di tale immagine; e così pure il *Caligola* di Camus, *La Romana* di Moravia e *Light in August* (Luce d'agosto) di Faulkner: opere tutte che mostrano come, in fin dei conti, il picaresco possa soddisfare molti dei tradizionali requisiti formali, e come risponda ai requisiti attuali della letteratura narrativa: ma nessuna di esse lo fa con efficacia maggiore di *Vino e pane*[5].

La povertà per Silone implica, infine, un altro atteggiamento spirituale: l'incontro tra gli uomini è possibile solo quando questi sanno «denudarsi» abbandonando tutte le sovrastrutture ideologiche che ostacolano la comunicazione. La povertà richiama dunque *naturaliter* un altro aspetto fondamentale nell'esperienza siloniana: la religione o, meglio, il cristianesimo. « Povero cristiano » è il sintagma che forse meglio riesce a definire le aspirazioni, gli ideali e le tensioni di Silone uomo e scrittore. Ma la vita del « povero cristiano » è vista prima di tutto come « avventura » ovvero come occasione che si offre all'uomo (il cristiano povero) di accettare pienamente il proprio destino: l'avventura della propria vita. E la libertà consiste nell'accettare in pieno questa vocazione.

Socialismo tra ideologia e utopia

Un altro elemento costante, caratteristico del pensiero e dell'opera di Silone, è il continuo riferimento all'*utopia*. In proposito, egli stesso scrive nei capitoli introduttivi a *L'avventura di un povero cristiano*:

> Se l'utopia non si è spenta, né in religione, né in politica, è perché essa risponde a un bisogno profondamente radicato nell'uomo. Vi è nella coscienza dell'uomo un'inquietudine che nessuna riforma e nessun benessere materiale potranno mai placare. La storia dell'utopia è perciò la storia di una sempre delusa speranza, ma di una speranza tenace. Nessuna critica razionale può sradicarla, ed è importante saperla riconoscere anche sotto connotati diversi[6].

All'interesse per l'utopia, e quindi al contenuto morale della storia (bisogna stabilire, scrive Silone, « la continuità storica di una tendenza dello spirito ») corrisponde una svalutazione di ciò che pertiene al campo delle ideologie. Nello stesso testo lo scrittore afferma:

> A mio parere le ideologie non meritano che raramente l'importanza che a esse si attribuisce. Il più delle volte sono maschere, o alibi, od ornamenti. Comunque, la spiritualità d'un serio movimento di popolo non si esaurisce mai nell'ideologia, e chiunque voglia farsene una chiara nozione non deve limitarsi a osservare le sue insegne[7].

E già molto tempo prima, in un saggio apparso sulla rivista « Mercurio » nel febbraio del '45 (*Ideologia e politica*)[8], Silone così definisce, in maniera più sistematica, il significato da attribuire al termine ideologia:

> La parola ideologia sembra sia stata inventata da Destrutt de Tracy per designare il mondo delle idee. Karl Marx l'impiegò sempre in un senso strettamente peggiorativo. Molta stima quella parola non godé mai. Il malvezzo attuale di definire il marxismo come l'ideologia del proletariato, e le espressioni, ora largamente in voga, ideologia socialista, comunista, democratica, e via di seguito, suonano perciò francamente equivoche; esse restano legittime solo per qualificare un modo di pensare astratto e vuoto. Ideologo vuol dire insomma uomo con la testa nelle nuvole: anima, a detta di Dante, « pasciuta nel vento ».

Bisogna, perciò, distinguere tra l'ideologia di un partito, che risulta di scarsa utilità, se non addirittura dannosa, e il programma politico formulato di volta in volta dai congressi, e poiché un simile programma non implica affatto « la professione di una determinata dottrina filosofica », un partito deve necessariamente adottare un « agnosticismo filosofico e religioso ». Una siffatta spregiudicatezza e una siffatta duttilità ideologica si esplicano soprattutto attraverso la « tolleranza ». « L'unità, l'omogeneità, la compattezza del Partito socialista » afferma Silone « si realizza allora nella comune volontà politica »: nel socialismo possono confluire persone di formazione e cultura diverse; esso, infatti, « non è una fede o un sistema filosofico particolare, ma una tecnica istituzionale ».

Caduto ogni presupposto astrattamente filosofico e ideologico, o meglio ancora confessionale, il socialismo, nella sua sostanza ideale, è per Silone, che riprende un articolo di André Philip:

> il rispetto della persona umana, l'uguaglianza degli uomini davanti alla legge, l'insieme delle libertà fondamentali definite dalla dichiarazione dei diritti dell'uomo. In una parola, è l'umanesimo repubblicano verso il quale noi tendia-

mo, gli uni partendo da considerazioni razionali, gli altri come conseguenza della rivelazione cristiana. Il socialismo afferma questo comune ideale e presenta un metodo adeguato per la sua realizzazione, lasciando ognuno libero di cercare, per l'ideale ch'egli serve, il fondamento metafisico o religioso che gli conviene.

La necessità per il socialismo di giovarsi in determinati momenti di teorie e di ideologie deve essere contingente. Nessuna teoria, nel momento in cui la scienza cambia e progredisce velocemente, può avere valore dogmatico assoluto. Ma il socialismo possiede anche un'altra « anima » più duratura: l'*utopia*.

Utopia e scienza si contenderanno sempre l'anima del socialismo, ed ebbe torto Marx illudendosi di aver espulso l'utopia dal socialismo. Ma in realtà noi abbiamo visto che la scienza può cambiare ogni trenta o cinquant'anni; mentre l'utopia può sopravvivere ai millenni, quanto l'inquietudine nel cuore dell'uomo.

Se un partito vuole continuare a essere dinamico nel corpo vivo di una società, non deve diventare « guardiano dei sepolcri », ma deve « assicurare la libertà (la possibilità) della ricerca disinteressata ». Il marxismo, perciò, nella storia del socialismo non è che « una delle ideologie del socialismo in una determinata epoca »:

Nel senso più vasto e permanente il socialismo è aspirazione verso la giustizia sociale e l'uguaglianza, con la soppressione dei privilegi economici e sociali.

Da questa concezione deriva l'antidogmatismo di Silone, quella sua riluttanza a riconoscersi nei vari « ismi » ideologici che rischiano di compromettere la vera forza del socialismo:

I partiti ideologici sono, a loro modo, anch'essi partiti « confessionali ». La loro insofferenza del confessionalismo democristiano non viene da spirito di libertà, ma da rivalità dogmatica e « clericale »[9].

Le radici del socialismo
e il distacco dal comunismo

Queste considerazioni, che chiariscono come Silone sia ideologicamente lontano dai partiti istituzionali, rimarcando la sua condizione di pensatore solitario, richiedono, tuttavia, di essere integrate con i dati più contingenti che lo portarono alla primitiva adesione al movimento operaio, alla successiva militanza nel Partito comunista e al definitivo allontanamento dall'attività politica.

Per ritrovare le «radici» della giovanile adesione di Silone al socialismo, bisogna riandare agli anni della sua prima adolescenza e giovinezza in Abruzzo. L'esperienza di quotidiana ingiustizia cui sono sottoposti i cafoni, l'arbitrio dei più forti sui più deboli e il senso di impotenza, di rassegnazione e di accettazione passiva che lo circondano sono vissuti dal futuro scrittore con una partecipazione emotiva che acuisce in lui il bisogno di una naturale ribellione. Silone, infatti, si rende chiaramente conto che ai princìpi morali fortemente religiosi legati alla vita familiare si contrappone un'egoistica estraneità (il pensare ai «fatti propri») a tutto quanto avviene al di fuori dell'ambito privato. In *Uscita di sicurezza* Silone scrive:

> Quella sera del novembre milanese, volendo spiegare ai miei amici perché, all'età di 18 anni, in piena guerra, mentre ero ancora studente liceale, avessi aderito al socialismo zimmerwaldiano, dovetti, di gradino in gradino, risalire con la memoria alla prima adolescenza e menzionare perfino qualche episodio dell'infanzia, per ritrovarvi le più lontane origini della mia rivolta che, più tardi, assumendo forma e portata politica, doveva necessariamente rivelarsi estremista[10].

Così l'adesione al partito della rivoluzione proletaria traduce in coscienza politica l'indignazione morale legata ai fatti della contrada nativa: la sua tensione morale e il suo sentimento dell'ingiustizia sembrano trovare eco in un insieme più vasto e razionale, meno emotivo e legato ad un'analisi « scientifica » della società. Per Silone, come si è detto, questa scelta rappresenta una vera e propria « conversione » gravida di conseguenze:

> Erano ancora i tempi in cui il dichiararsi socialista o comunista equivaleva a gettarsi allo sbaraglio, rompere con i propri parenti e amici, non trovare un impiego[11].

L'adesione al Partito comunista negli anni della dittatura fascista comporta per Silone l'abbandono del proprio paese e lo costringe a una vita di povertà e di precarietà: l'esperienza di partito diventa così un'esperienza totale e, proprio per questa sua totalità, è sempre esposta al rischio della delusione. Di fatto, gli incarichi che Silone ricopre all'interno del Partito comunista e che lo portano a partecipare a congressi e riunioni a Mosca quale rappresentante delle delegazioni comuniste italiane, gli permettono ben presto di avere un'immagine concreta della dirigenza del PCUS e aprono inevitabilmente la strada all'incertezza e al dubbio. Venendo a contatto con i comunisti sovietici, lo scrittore, infatti, viene subito colpito sia dal rigore con cui essi trasformano il dissenziente in un opportunista o, peggio, in un traditore, sia dal loro atteggiamento fideistico, un atteggiamento che rasenta l'infatuazione:

> Un avversario in buona fede sembrava per i comunisti russi inconcepibile. Quale incosciente aberrazione, da parte di polemisti sedicenti materialisti e razionalisti, affermare in termini tanto assoluti il primato della moralità sull'intelligenza. È stato giustamente già osservato che per ritrovare un'infatuazione analoga bisogna risalire agli antichi processi inquisitoriali contro gli eretici [...] già allora, negli anni febbrili della creazione del nuovo regime, quando la nuova ortodossia non si era ancora impadronita di tutta la vita culturale, come era difficile, anche per noi comunisti occidentali, intenderci con un comunista russo sulle questioni più semplici e ovvie. Quant'era difficile, non dico trovarsi d'accordo ma almeno capirsi, dialogare su ciò che la libertà significasse per un uomo dell'Occidente, anche operaio[12].

Silone ha sì modo di cogliere sul nascere «lo spettacolo dell'entusiasmo della gioventù russa in quei primi anni di creazione di un nuovo mondo», ma si rende anche conto che

> col passare degli anni, a mano a mano che il nuovo regime si rafforzava, che la sua economia progrediva e gli attacchi armati dall'esterno cessavano, viene a mancare la democratizzazione politica promessa agli inizi e, al contrario, la dittatura accentua il suo carattere repressivo[13].

Inizia così quel contrasto progressivo e irreversibile tra la sensibilità morale di Silone (il suo «umanesimo») e le «esigenze» della ragione politica. Si è parlato a proposito di un'inconciliabilità tra le due sfere e di una incapacità di Silone a interpretare e comprendere le leggi che regolano il «gioco» politico. In realtà la politica cui Silone aderisce è *l'altra politica*, quella che si contrappone al modo di governare dello stato borghese il quale, mirando all'utile di una classe, può benissimo ignorare la morale, cioè la giustizia. Per Silone, invece, l'impegno politico è il coronamento di un'esigenza morale che trova in esso il suo sbocco naturale. La politica del movimento operaio deve perciò distinguersi nettamente da ogni modo ordinario di fare politica: essa rappresenta un'alternativa alla politica tradizionale, un modo diverso di concepirla e di viverla, un modo di servire gli altri e di favorire un processo di vera giustizia.

L'estraneità alla politica dei personaggi di Silone e la loro difficoltà ad agire nell'ordine delle leggi che la regolano (si pensi alla rottura di Rocco De Donatis col partito) sono senz'altro dovute al loro temperamento, ma sono soprattutto la conseguenza di un sentire morale che vuole trasferire la politica nel campo sociale dove si battono le aspirazioni del proprio io. Per Silone e per i suoi personaggi non è possibile venir meno al proprio credo morale, perché questo provocherebbe non solo l'infedeltà a quel codice, ma anche il tradimento delle ragioni ultime della politica.

E le esigenze che hanno provocato la nascita di un diverso organismo politico non possono essere accantonate previa la scomparsa dell'organismo stesso, o meglio dei bisogni che lo hanno determinato. Eppure questo è proprio quanto è capitato, secondo Silone, al PCUS, la cui politica staccata dai princìpi originari, si è trasformata fino a diventare altro da sé.

> Il Partito comunista russo, che aveva soppresso tutti i partiti concorrenti e abolito ogni possibilità di discussione politica generale nelle assemblee sovietiche, cadde esso stesso sotto un regime di eccezione: la volontà politica dei suoi iscritti venne rapidamente sostituita da quella dell'apparato. Da quel momento ogni divergenza di opinione nel gruppo dirigente era destinata a concludersi con l'annientamento fisico della minoranza da parte dello Stato. La rivoluzione che aveva annientato i suoi nemici cominciò a divorare i suoi figli prediletti. Gli dèi assetati non diedero più tregua. La frase ottimistica di Marx sul deperimento naturale dello Stato socialista si rivelava una pia illusione[14].

Le distorsioni che Silone individua sempre più chiaramente all'interno del Partito comunista sovietico lo spingono a interrogarsi sulla natura stessa di tale metamorfosi:

> Dietro il simulacro delle istituzioni create dalla rivoluzione, la realtà russa era profondamente mutata, obbedendo a una legge di decadenza che la dottrina ufficiale non prevedeva. Quella rapida degenerazione tirannica di una delle grandi rivoluzioni della storia umana era forse implicita nel principio stesso del socialismo e della proprietà statale? Oppure era il risultato dell'ideologia leninista e della sua particolare forma d'organizzazione? O soltanto dell'arretrato ambiente russo?[15]

E per questa strada il ripensamento finisce col mettere in discussione i motivi stessi dell'iniziale adesione:

> Era quella la vera faccia del comunismo? I lavoratori che rischiavano la loro vita, quelli che agonizzavano nelle carceri, erano al servizio di un simile ideale? La nostra vita

randagia solitaria pericolosa di stranieri in patria, era per questo?[16]

Il viaggio a Mosca del 1927, poi, rivela a Silone in maniera definitiva l'estrema complessità del comunismo internazionale, la cui « mostruosa ambiguità » non fa altro che rispecchiare la diversa posizione « dei comunisti rispetto al potere ». La risorsa del socialismo contro lo stato borghese è innanzitutto una risorsa umana e morale, ed è questa base che dà vitalità e giustezza a un programma politico: ciò che Silone non trova a Mosca sono proprio « quelle doti di generosità franchezza solidarietà » che avevano rappresentato « la genuina e tradizionale risorsa del socialismo in lotta contro la decadenza e la dissipazione borghese »[17], « doti » che egli invece ritrova ancora « nell'operaio di fabbrica e nel contadino francese, svizzero, italiano ». Silone vive dunque una situazione difficile e conflittuale. Se, infatti, è cosciente che l'ambiente della sua « responsabilità politica » è l'Italia e che soluzioni drastiche finirebbero per indebolire proprio la lotta contro il fascismo, è altresì consapevole che la sua posizione, pur consigliata dalla necessità, è « ambigua e reticente ». Il processo di stalinizzazione con l'acritica messa al bando di Trotzkij, la collettivizzazione forzata della piccola e media proprietà agricola, l'estromissione dei contadini dai loro poderi e la deportazione e l'uccisione di quanti si oppongono accrescono il suo orrore per quanto sta avvenendo. La politica di Stalin ha inoltre ripercussioni dirette anche sull'organizzazione del Partito comunista italiano con la condanna delle tesi di Gramsci sulla situazione italiana e sul Mezzogiorno. Chi, come Angelo Tasca, Alfonso Leonetti, Paolo Ravazzoli e Pietro Tresso critica il nuovo orientamento del PCUS viene, seduta stante, espulso dal partito con « motivazioni grottesche, prive d'ogni fondamento ». D'altra parte per Silone non è facile ripudiare d'un colpo il proprio passato:

La verità è che non ci si libera dal Partito comunista come ci si dimette dal Partito liberale, poiché oltretutto il legame col partito è in proporzione dei sacrifici che esso costa. E in più, come è stato già affermato e analizzato, il Partito comunista, per i suoi militanti, non è solo, né principalmente, un organismo politico, ma scuola chiesa caserma famiglia: è un'istituzione totalitaria nel senso più completo e genuino della parola, e impegna interamente chi vi si sottomette[18].

Gli avvenimenti burrascosi degli ultimi anni lo hanno, tuttavia, reso consapevole che « ogni organismo totalitario, ogni regime di umanità coatta, implica una buona dose di menzogne, di doppiezza, d'insincerità ». La logica conseguenza di questa affermazione non può essere altro che un paradosso:

Il comunista sincero, pertanto, il quale conservi per miracolo il nativo spirito critico e persista ad applicarlo in buona fede ai fatti del partito, credendo così di essergli di maggior utilità, si espone alle penose e contraddittorie traversie del non-conformista, e prima di consumare la definitiva sottomissione o l'abiura liberatrice deve soffrire nella sua anima ogni specie di triboli. La stessa lentezza ch'egli impiega a rendersi conto della portata della sua eresia è rivelatrice. Finché egli si muove nella medesima sfera psicologica dell'autorità con la quale entra in conflitto, può illudersi che il proprio dissenso sia limitato a questo o quel singolo tema, e su di esso vuole polemizzare in nome dei comuni princìpi, richiamandosi anzi alla purezza delle origini; ma più tardi, dopo la scomunica o l'espulsione, quando egli sarà liberato da ogni vincolo disciplinare e si troverà al di fuori della comunità dei fedeli, se l'assisterà il coraggio di risalire dagli effetti alle cause e vorrà spiegare a se stesso che cosa, in ultima analisi, gli impedì di capitolare, egli si renderà conto che la sua insofferenza obbediva in realtà a motivi ben più oscuri, e i dogmi, precedentemente anche da lui venerati, gli appariranno giustamente in tutt'altra luce. Per finire, ci si libera dal comunismo come si guarisce da una nevrosi[19].

Ormai non si tratta più di temporeggiare: è chiaro che quanto sta avvenendo a Mosca rende poco credibile qualsiasi giustificazione:

Che cos'erano le « inesorabili forme storiche » cui dovevamo inchinarci, se non una nuova immagine dell'inumana realtà contro la quale ci eravamo ribellati dichiarandoci socialisti? Si può, per il successo della lotta, dimenticare i motivi per cui siamo scesi in lotta? Io ero allora come chi ha ricevuto una formidabile mazzata in testa e continua a reggersi in piedi, a camminare, a parlare e gesticolare, senza rendersi pienamente conto di quello che gli succede[20].

Dopo quanto è successo, anzi, non è possibile continuare a cercare un confronto. Silone percepisce nettamente « l'inanità d'ogni furberia, tattica, attesa, compromesso »:

Dopo un mese, dopo due anni, mi sarei trovato da capo. Era meglio finirla una volta per sempre. Non dovevo lasciarmi sfuggire quella nuova, provvidenziale occasione, quell'« uscita di sicurezza ». Non aveva più senso star lì a litigare. Era finito. Grazie a Dio[21].

Cosa rimane a Silone della « lunga e triste avventura »? Certamente la sua fiducia nel socialismo che torna a identificarsi, a questo punto, con i motivi che avevano spinto l'uomo e l'intellettuale Silone all'iniziale ribellione:

La mia fiducia nel socialismo (di ciò, oso dire, testimonia la mia condotta successiva) mi è rimasta più viva che mai. Nel suo nucleo essenziale essa è tornata a essere quella ch'era quando dapprima mi rivoltai contro il vecchio ordine sociale: un'estensione dell'esigenza etica dalla ristretta sfera individuale e familiare a tutto il dominio dell'attività umana; un bisogno di effettiva fraternità; un'affermazione della superiorità della persona umana su tutti i meccanismi economici e sociali che l'opprimono[22].

La decisione di uscire dal Partito comunista non comporta, dunque, per Silone la rinuncia al socialismo, che rimane un patrimonio irrinunciabile nella sua esperienza di vita. La sua critica *ideologica* al comunismo, infatti, lo conduce gradualmente a prendere coscienza di una continuità del socialismo che travalica i suoi limiti storici: le « verità pazze » che vi sono affermate sono ben più antiche del marxismo e sono destinate a perdurare:

Sono convinto che il socialismo sopravviverà al marxismo. Sarebbe tuttavia errato, con riguardo al vecchio contrasto fra dottrinari ed empirici dell'organizzazione operaia, annoverarmi tra questi ultimi. Non concepisco la politica socialista indissolubilmente legata a una determinata teoria, però a una fede, sì. Quanto più le « teorie » socialiste pretendono di essere « scientifiche », tanto più esse sono transitorie; ma i « valori » socialisti sono permanenti. La distinzione fra teorie e valori non è ancora abbastanza chiara nelle menti di quelli che riflettono a questi problemi, eppure mi sembra fondamentale. Sopra un insieme di teorie si può costituire una scuola e una propaganda; ma soltanto sopra un insieme di valori si può fondare una cultura, una civiltà, un nuovo tipo di convivenza tra gli uomini[23].

Per Silone il socialismo si configura come un valore metastorico che si ripresenta nelle diverse società sotto forma di più teorie. Ridotto in questi termini, esso rappresenta un'esigenza insopprimibile dell'uomo e rientra nella sua sfera morale.

Il superamento del nichilismo

Il processo di destoricizzazione del socialismo è analogo a un'altra riduzione, complementare a questa, essenziale per capire l'altro polo intorno a cui ruota la riflessione teorica di Silone: la demitizzazione del cristianesimo. Anche in questo caso si tratta di riscoprire un nucleo fondamentale, un *kerygma* primitivo che si antepone ed oppone alle fallaci e a volte distorte concrezioni storiche delle singole istituzioni umane. I due aspetti, che a volte si intrecciano, sono riconducibili alla stessa sostanza. L'agire di Silone (e dei suoi personaggi), sia esso determinato da aspirazioni religiose o politiche, trova sempre un intimo e profondo supporto nella *moralità* che lo determina. Il campo del giudizio si restringe così a una semplice alternativa: un'azione è morale o immorale. Questa estrema semplificazione del comportamento politico e religioso, può apparire schematica e riduttiva, ma rappresenta anche l'unica misura per non perdere di vista gli aspetti ideali nella pratica quotidiana dell'agire. L'uomo morale si contrappone a una società che ha dimenticato l'importanza dei valori e corre il rischio di cadere nel vicolo cieco del nichilismo: ma in nome di quali certezze? Le recenti esperienze della storia (il fascismo, il nazismo e la degenerazione totalitaria del comunismo) hanno non solo sfatato il mito della « fatalità del progresso » ma anche quello della « spontaneità liberatrice del proletariato ». Silone è ormai consapevole che la « coscienza di classe non è più un prodotto naturale della classe » e che « il mondo operaio si è spiritualmente frantumato ». L'operaio non è *naturaliter* giusto: egli può essere, come ordinariamente si constata, « un attivista delle cause più opposte »:

> può essere camicia nera e partigiano, boia e vittima, o semplicemente, nei paesi ricchi e tranquilli, un pigro filisteo senza ideali, assicurato contro la disoccupazione, contro la vecchiaia, contro le malattie, e anche contro il pericolo che le società di assicurazione falliscano [...]
> Egli può essere ancora Cristo, il povero Cristo che prende su di sé i peccati degli altri e si sacrifica per tutti; e può essere anche Barabba, un ignobile Barabba totalitario, calpestatore di tutto ciò che nel prossimo c'è di più umano[24].

La realtà è che per Silone il nichilismo rappresenta un pericolo generale capace di annientare la coscienza morale di ogni persona. Esso, tra l'altro, « dalle classi alte si è propagato su tutta la superficie sociale »:

> L'epidemia non ha risparmiato i quartieri popolari. Universale è oggi il culto nichilista della forza e del successo. È nichilista questa generale tendenza di identificare la Storia con i vittoriosi, l'ignobile viltà che porta tanti intellettuali verso il comunismo o verso la destra[25].

Ma, si chiede Silone, è l'adesione a una maggioranza a stabilire la ragione storica di una scelta?

> I morti, i deboli han sempre torto? Mazzini ebbe torto? Trotzkij ha avuto torto solo perché è stato battuto? E Gramsci non cominciò ad avere qualche ragione che dall'aprile del 1945? Cesserà di averla se diminuirà la forza del suo partito?[26]

Silone individua un nesso preciso tra l'insicurezza personale dei nuovi tempi e il bisogno dei singoli di trovare protezione in uno dei moderni partiti di massa. Questo atteggiamento, privo di intimi convincimenti, « non esclude affatto il doppio gioco con il partito avversario, possibile vincitore di domani ». All'opportunismo e al nichilismo dilaganti, perciò, non si può opporre un umanesimo « generico, letterario o filosofico ». La società, comunque, contemporanea è ben lontana dalla serena armonia cui esso si richiama:

> In realtà, l'uomo d'oggi è abbastanza mal ridotto. Un'immagine dell'uomo moderno, che non voglia discostarsi troppo dall'originale ed evitare il verbalismo, non può non essere deforme, scissa, frammentaria, in una parola, tragica[27].

In questa situazione di precarietà l'uomo non è chiamato a dare risposta ai « quesiti supremi sulle origini e sul destino »:

> A essere leali, queste domande tradizionali neppure ci assillano. Il rompicapo sulla priorità dell'uovo o della gallina ha cessato d'incuriosirci. Potrebbe darsi che la causa sia del tutto banale. Il quesito esorbita dalla nostra responsabilità e, comunque si svolsero i fatti, non fu colpa nostra. Se ci capita di passare notti insonni, non è a causa di essi. Questa è dunque la caratteristica principale della nostra situazione: i problemi che ci accaparrano sono quelli della nostra esistenza e della nostra responsabilità d'uomini d'oggi. Soltanto entro questi limiti riusciamo giustamente a definirci[28].

È quanto dire che Silone non si sente « credente » né « ateo » né tantomeno « scettico » e che simili etichette non aiutano a definire la natura del problema. Ciò che diventa importante, allora, se non è possibile nessun credo, è appellarsi ancora una volta alla moralità dell'agire:

> In una situazione in cui le premesse metafisiche, o anche semplicemente storiche, sembrano incerte e discutibili, il sentimento morale acquista necessariamente uno spazio in-

solito, assumendo anche la funzione di guida effettiva dell'intelligenza[29].

Il rischio, a questo punto, è di cadere in un «moralismo astratto e velleitario». Ciò, di fatto, accade se non si fa costantemente riferimento all'esperienza e se si opera in una «situazione di *tabula rasa*». Non c'è dunque altra strada da percorrere: seguire fino in fondo l'avventura della propria vita e tradurre tutto quanto accade in coscienza.

Per Camus il requisito necessario per superare la situazione limite del nichilismo è la naturale *simpatia* per l'uomo: è la conquista che ne *La peste* permette di superare l'assurdo denunciato ne *Lo straniero*. Il cammino di Silone, invece, è più impervio e meno lineare, ma alla fine le conclusioni cui perviene sono ben più salde perché radicate nella dura esperienza personale: sono *certezze irriducibili*. Al di là di esse ci sono solo il buio, la caduta nel nulla e la disumanizzazione.

La vita ha fatto sì che Silone ritornasse, con più consapevolezza, alle verità connaturate alla propria terra, «terra di santi e di eremiti». Proprio per questo, nella mente dello scrittore le certezze sono *cristiane* e gli appaiono «talmente murate nella realtà umana da identificarsi con essa. Negarle significa disintegrare l'uomo». Tutto questo certamente non basta a costituire una nuova «professione di fede», ma rende possibile una «dichiarazione di fiducia».

È una fiducia che si regge sopra qualcosa di più stabile e di più universale della semplice compassione di cui parla Albert Camus. Essa si regge in fin dei conti sulla certezza intima che noi uomini siamo esseri liberi e responsabili; si regge sulla certezza che l'uomo ha un assoluto bisogno di apertura alla realtà degli altri; si regge sulla certezza della comunicatività delle anime[30].

È la stessa certezza che spinge i personaggi chiave dell'opera di Silone a ricercare, al di là delle differenze, un rapporto diretto con l'altro, con l'uomo: una solidarietà che non si fonda su una comune ideologia ma sulla condivisione di una stessa situazione. Pietro Spina ben sperimenta questa condizione quando cerca il dialogo con i cafoni e lo ritrova solo nel momento in cui, abbandonata ogni retorica precostituita, acquista la capacità di vedere l'altro nella sua concreta realtà. Questo processo di deideologizzazione è il requisito indispensabile per poter comunicare. Se la validità di una certezza non dipende dal successo, nessuna delusione storica potrà fermare l'uomo nel suo cammino verso gli oppressi. Tuttavia non è possibile tradurre tale acquisizione in un progetto organico e meno generico. Per Silone «questa fiducia che consente di andare avanti» è già molto:

> Noi siamo costretti a procedere sotto un cielo ideologico buio; l'antico e sereno cielo mediterraneo, popolato di lucenti costellazioni, è ora coperto; ma questa poca luce superstite, che aleggia attorno a noi, ci consente almeno di vedere dove posare i piedi per camminare[31].

La situazione spirituale descritta da Silone non ammette, dunque, «alcuna apologia o boria»:

> Francamente, è un ripiego. Essa assomiglia a un accampamento scoperto di profughi in una terra di nessuno; a un accampamento scoperto, di fortuna[32].

Il cristianesimo

I personaggi di Silone appaiono come degli sradicati, privi di una fede certa, ma sempre pronti a cogliere ogni occasione per «accamparsi» e solidarizzare. Si pensi a Pietro Spina in *Vino e pane*, ai suoi rapporti precari con i propri simili, e ai suoi continui tentativi di trasformare le diverse situazioni in una possibilità di incontro, ma si pensi anche alla parentesi di vita che egli trascorre, ne *Il seme sotto la neve*, con Simone-la-faina ed Infante, nel vecchio mulino abbandonato dove i tre sembrano dei profughi accampati in una società nemica. La stessa precarietà contraddistingue la vita di Rocco De Donatis, di Andrea Cipriani e di Pietro da Morrone: la loro stessa condizione spirituale porta anche costoro ad entrare inesorabilmente in contrasto con quanti cercano, all'interno della società, sicurezze effimere e di comodo. Per questo motivo essi sono destinati a sperimentare la solitudine ed anche il fallimento, ma questo non impedisce loro di cogliere, attraverso il sacrificio, la possibilità di una speranza destinata a protrarsi oltre la vita stessa. L'etica del provvisorio si configura, perciò, come il tratto caratteristico dell'uomo che non vuole rinunciare ad essere tale nonostante l'avversità della storia.

L'itinerario di Silone richiama, oltre il nome di Camus, anche quello di Simone Weil. Silone stesso, anzi, si serve di un'affermazione della scrittrice per sintetizzare emblematicamente la propria situazione; bisogna:

> essere sempre pronti a mutare di parte come la giustizia, questa fuggiasca dal campo dei vincitori[33].

Per Silone la speranza:

> è l'estremo residuo cristiano in un mondo che ha perduto la fede e rinnegato la carità[34].

Resta da definire, a questo punto, cosa si intende quando si parla di cristianesimo a proposito di uno scrittore come Silone. Egli afferma in una conferenza:

> La riscoperta dell'eredità cristiana nell'inquietudine della società moderna resta l'acquisto più importante della coscienza di un certo numero di noi negli ultimi anni[35].

Subito dopo, però, aggiunge che è stata una riscoperta:

> immune da ogni implicazione confessionale.

Ciò che spinge Silone a riscoprire la « filiazione paleo-cristiana » è la consapevolezza di un imbarbarimento dell'intera società, dopo la prima guerra mondiale, che ha finito per coinvolgere anche molti socialisti. Tale filiazione consiste « essenzialmente nella validità permanente di alcuni valori morali » e deve servire a « sottrarre la convivenza degli uomini alle leggi della foresta »:

La nostra anima, ho scritto in altra occasione, ha ora dimensioni scavate dal dolore che ignoravamo nel 1919[36].

La progressiva sterilità spirituale ha provocato il decadimento e la sconfitta politica del movimento operaio: soltanto quelli che « hanno salvaguardato nella propria anima il seme di qualche certezza incorruttibile » riescono a superare il loro smarrimento.

Silone, attraverso la sua opera, sceglie di essere testimone della sofferenza umana, del dolore delle « creature più umili e sfortunate » e dei cafoni che non hanno voce. La sua, dunque, è un'opzione fondamentalmente cristiana e, di fatto, in molte pagine dei suoi testi traspare una concezione religiosa della vita. Silone scrive che un critico americano, recensendo *Pane e vino* e *Il seme sotto la neve*, ha creduto di scorgere:

una diretta parentela tra Pietro Spina e quella corrente del socialismo russo che si formò dopo la sconfitta della rivoluzione del 1905, chiamata dei « cercatori di Dio ».

Ma Silone si preoccupa di precisare che l'analogia è solo apparente:

Come nel poema di Francis Thompson, ho l'impressione che Pietro Spina non cerchi Dio, ma sia da lui inseguito, come uno può esserlo dalla propria ombra o da qualcosa che porta in sé[37].

Quindi osserva che vi sono diverse forme del sentimento religioso:

Vi è una cosiddetta rinascita religiosa caratterizzata dal fatto che di solito segue i disastri e le sconfitte. Ogni disfatta storica comporta infatti un'umiliazione dell'uomo, rigetta gli uomini nella sfiducia di se stessi, nel convincimento della propria debolezza, della propria incapacità e della propria miseria e colpevolezza. C'è allora chi approfitta della disfatta per provare che la storia umana obbedisce a leggi inflessibili, le quali non sopportano ribellioni e prepotenze. In ogni rinascita religiosa che segua a un periodo di sconfitte e umiliazioni, c'è, da una parte, l'accorata nostalgia del figliol prodigo, ridotto guardiano di porci, per l'antica casa del padre, e in più il calcolo machiavellico delle classi dirigenti, in cuore loro incredule e ciniche, ma rese esperte che, per mantenere sottomessi gli uomini, il più sicuro gendarme è sempre il timore di Dio. Pietro Spina però non considera credenti, ma atei quelli che dicono: abbiamo bisogno di Dio, come si usa dire: abbiamo bisogno di carri armati e di un aumento della razione di carne. E non mi pare che Pietro Spina potesse avere la minima nostalgia della casa paterna. Qualunque sia l'esito della guerra in corso, oso dire, non è prevedibile che egli finisca in qualche modo col sottomettersi. Quelli di voi che siete scrittori, sapete per esperienza come certi personaggi possono essere prepotenti e finire per dominare l'autore. Ora, scrivendo e riflettendo su Pietro Spina, ho avuto spesso l'impressione che il sentimento di Dio non l'inducesse alla rassegnazione, ma al coraggio e perfino alla temerarietà[38].

Allo stesso modo per Silone « il recupero delle forze più intime dell'anima non è stato un risultato della paura, della malinconia o della capitolazione » ma « un atto di forza, di coraggio, e di fedeltà ». Tale atto si è svolto « nella sfera del comportamento morale, senza neppure sfiorare quelle dei dogmi e del culto »[39].

Vi è un altro elemento dell'eredità cristiana che Silone accoglie nella sua concezione morale: è la tensione escatologica, quell'utopia radicale che caratterizza tanti suoi personaggi. Questo mito o fede del Regno, infatti, rappresenta un altro apporto essenziale del cristianesimo che « sotto varie apparenze, persiste a mantenere in fermento la società umana, anche fuori dell'influenza diretta delle chiese »[40]. Senza il mito del Regno di Dio, aggiunge Silone, « sarebbero incomprensibili parti essenziali non solo della storia religiosa, ma anche di quella civile d'Occidente »:

In tutti i momenti gravi l'attesa del Regno è sempre di nuovo riapparsa come una inappagabile nostalgia, ed ha animato gli uomini a moti sociali e religiosi[41].

Il mito ha per Silone un significato preciso che si traduce in alcuni punti in asserzioni chiare e quasi definitorie:

> L'attesa di una terza età del genere umano, l'età dello Spirito, senza Chiesa, senza Stato, senza coercizioni, in una società egualitaria, sobria, umile e benigna, affidata alla spontanea carità degli uomini[42].

La storia del mito del Regno non si identifica con la storia della Chiesa quale istituzione, anzi ne rappresenta la « contropartita », il momento antitetico che provoca una « lacerazione della coscienza cristiana »:

> La Chiesa, da quando si fondò giuridicamente e si sistemò col suo apparato dogmatico ed ecclesiastico, considerò sempre con non dissimulata preoccupazione ogni resipiscenza del mito. Dal momento che la Chiesa presentò se stessa come il Regno, cioè da Sant'Agostino, dové coerentemente reprimere ogni movimento che sorgesse per promuovere un ritorno alla fede primitiva del Regno[43].

Per Silone, invece, il senso primitivo del Regno non si è mai spento: « esso si è dimostrato più forte della Chiesa; ai margini della Chiesa e talvolta contro la Chiesa ». È un mito ancora più antico del cristianesimo, già presente in Isaia e Daniele, ma anche in Zarathustra. Se è potuto sopravvivere attraverso i secoli è perché « la nostalgia di esso è profondamente radicata nella condizione dell'uomo »:

> Da Gioacchino da Fiore agli spirituali francescani, ai taboristi, agli anabattisti, fino ai socialisti utopici e al socialismo moderno, è tutta una serie di episodi apparentemente autonomi, ma nutriti dalla stessa sorgente. La storia dell'attesa del Regno è la storia di una sempre delusa speranza, ma di una speranza immortale[44].

Il mito del Regno permette di individuare una costante nella storia che, attraverso il cristianesimo, arriva sino agli anarchici, ai comunisti e ai socialisti. Occorre, dunque, superare il « nominalismo ideologico » ed essere in grado di riconoscere le forme attraverso le quali il mito si attualizza, come afferma don Benedetto nella sua replica a Pietro Spina:

> Non sarebbe la prima volta che il Padre Eterno è costretto a nascondersi e assumere pseudonimi. Egli non ha mai tenuto eccessivamente, tu lo sai, al nome e cognome che gli uomini gli hanno affibbiato; anzi in cima ai suoi comandamenti, ha posto l'avvertenza di non nominarlo invano. E poi la Storia Sacra è zeppa di esempi di vita clandestina. Hai mai approfondito il significato della fuga in Egitto? E anche più tardi, in età adulta, Gesù non fu costretto varie volte a nascondersi per sfuggire ai farisei?[45]

È questa la strada che permette a Silone di superare la dicotomia cristianesimo/socialismo-rivoluzione:

> Il mito del Regno è una delle più grandi forze rivoluzionarie della storia[46].

Religione e politica non sono che aspetti diversi di una stessa tensione morale. Il contrasto iniziale tra queste due spinte trova alla fine una sua risoluzione equilibratrice: Pietro Spina è il rivoluzionario travestito da prete che « nella sua missione secolare porta modi ed esigenze religiose »[47]. Tra i due termini, così posti in relazione, si stabilisce una feconda dialettica che rende più fluido il loro campo di azione. Scrive R.W.B. Lewis:

> L'uomo che fugge tra le montagne, alla fine di *Vino e pane*, rappresenta la più completa incarnazione in cui finora ci siamo imbattuti del personaggio eroico e rappresentativo del romanzo della seconda generazione. Se accettiamo di considerare Spina come una sorta di santo contemporaneo, dobbiamo anche aggiungere che egli è santo proprio perché è uomo. La sua santità non si manifesta in una privata comunione con Dio, bensì in un'urgente comunione con gli uomini suoi compagni. Questa dedizione richiede che egli sia per sempre un vagabondo, che sia per sempre un fuorilegge e un ricercatore. Richiede da lui che, agli occhi di quel mondo che opprime e ferisce, egli appaia un malfattore. E nello stesso tempo l'arte e l'umanità richiedono all'autore che egli presenti Pietro Spina come qualcuno che non soltanto combatte le miserie degli uomini, ma le con-

divide con essi; che partecipi alla loro confusa e torbida umanità, alle loro aspirazioni e alla loro follia[48].

Come osserva sempre R.W.B. Lewis, l'immagine più pertinente a Pietro Spina « non è né di prete né di politico, né di monaco né di contadino, né di santo né di ribelle; ma è un curioso connubio di questi termini »[49].

Quel che rimane

Il cristianesimo per Silone si fonda soprattutto sul mistero della Croce o, come dice Silone, sulla coscienza che « nella storia dell'uomo sulla terra è ancora Venerdì Santo ». Qualcuno ha parlato a proposito di mentalità protestante; in realtà, più che altro, « Silone è un cristiano primitivo: somiglia a uno dei membri di una primitiva comunità cristiana, di quei primi secoli, anzi di quei primi anni della Cristianità, quando la commozione suscitata dalla crocifissione non s'era ancora cancellata, né s'era affievolito il significato della volontaria Agonia »[50].

La realtà cristiana appare per questo agli occhi di Silone bipolare: « concordataria ed escatologica, storicizzata e profetica »[51]. Ogni cristiano è chiamato ad operare una scelta. Silone non ha esitazioni ad attribuire « ai ribelli il merito di una più vicina fedeltà a Cristo »[52]. La sua posizione è precisata con chiarezza nelle pagine che fungono da prefazione a *L'avventura di un povero cristiano*:

La mia collocazione al riguardo, comincio col premettere, è tutt'altro che singolare o esclusiva, pur non essendo propria d'alcun gruppo. Ma, legata com'è a una certa esperienza, può darsi che il chiarimento interessi anche altre persone. Mi riferisco in modo particolare a quelli che, dopo aver ricevuto la consueta educazione religiosa in qualche istituto o collegio di preti, si siano in gioventù allontanati dalla Chiesa, non per la naturale indifferenza che sopravviene nella maggioranza dei maschi appena escono di pubertà, né per dubbi o dissensi intellettuali sulla sostanza della fede (questi sono casi rari), ma spinti da insofferenza contro l'arretratezza, la passività, o il conformismo dell'apparato clericale di fronte alle scelte serie imposte dall'epoca. Noi ci trovavamo appunto tra i diciassette e i vent'anni, che è già di per sé, contrariamente all'opinione dei retori, l'età più infelice dell'uomo, quando dovemmo arrangiarci da soli, in un modo o nell'altro. In quel periodo di confusione massima, di miseria e disordini sociali, di tradimenti, di violenze, di delitti impuniti e d'illegalità d'ogni specie, accadeva che le lettere pastorali dei vescovi ai fedeli persistessero a trattare invece, di preferenza, i temi dell'abbigliamento licenzioso delle donne, dei bagni promiscui sulle spiagge, dei nuovi balli d'origine esotica e del tradizionale turpiloquio. Quel menare il can per l'aia, da parte di pastori che avevano sempre rivendicato la guida morale del gregge, era uno scandalo insopportabile. Come si poteva rimanere in una simile Chiesa?[53]

Silone è consapevole che la Chiesa ha compiuto col Concilio un notevole sforzo per « aggiornarsi ». Tuttavia il suo distacco persiste perché, egli precisa, « ogni realtà vista da fuori cambia aspetto »:

Non intendo dire che una volta « fuori », i dogmi religiosi appaiano all'improvviso artificiosi e arbitrari; no, essi non perdono subito il loro prestigio, il loro fascino, la loro plausibilità; ma, presto o tardi, finiscono col manifestarsi per quello che sono: le verità proprie ed esclusive della Chiesa, il suo patrimonio spirituale, quello che la distingue dalle altre chiese, anche cristiane; in una parola, la sua ideologia[54].

Silone, dunque, non può fingere di accettare una realtà che non ha più per lui validità assoluta, perché « sarebbe sopraffare la ragione, violare la coscienza, mentire a sé e agli altri, offendere Dio ». Fortunatamente, egli conclude, « Cristo è più grande della Chiesa »[55].

L'esperienza siloniana di « transfuga » della Chiesa richiama per analogia l'« uscita di sicurezza » dal Partito comunista. In che senso, dunque, l'opera e la vita di Silone mantengono un carattere cristiano e socialista? Cosa realmente rimane del pensiero di Silone fuoriuscito dalla Chiesa e dal partito? A questa domanda così risponde lo scrittore stesso:

> Rimane dunque un cristianesimo demitizzato, ridotto alla sua sostanza morale e, per quello che strada facendo è andato perduto, un grande rispetto e scarsa nostalgia. Che più? A ben riflettere e proprio per tutto dire, rimane il Pater Noster. Sul sentimento cristiano della fraternità e un istintivo attaccamento alla povera gente, sopravvive anche, vi ho già accennato, la fedeltà al socialismo. So bene che questo termine viene ora usato per significare le cose più strane e opposte; ciò mi costringe ad aggiungere che io l'intendo nel senso più tradizionale: l'economia al servizio dell'uomo, e non dello Stato o d'una qualsiasi politica o potenza[56].

Antidogmatismo, utopia o mito del Regno, lotta contro le astratte ideologie, adesione al dato concreto, forte sentimento dell'ingiustizia, urgenza della povertà, attaccamento alle proprie origini e alla propria terra, disponibilità al proprio destino come avventura, cristianesimo primitivo e ridotto all'essenza morale, socialismo come risposta adeguata allo sfruttamento, ostinatezza della speranza nell'uomo sono le caratteristiche ricorrenti in Silone uomo e scrittore nel suo sforzo interpretativo di una realtà esperita prima di tutto come impegno personale, e sono caratteristiche che hanno come contropartita la solitudine e la marginalità. Ma proprio in questa condizione di disagio e di crollo delle certezze trova fondamento « ideologico » la poetica di Silone:

> Cosa volete che facciano dei profughi dalla mattina alla sera? Essi passano il meglio del loro tempo a raccontarsi le loro storie. Non sono davvero storie divertenti, ma essi se le raccontano, più che altro, per cercare di rendersi conto[57].

4
LA LINGUA E LO STILE

Un acuto senso della scrittura

Silone ha accompagnato la sua opera con il supporto di una riflessione teorica che si è poi sedimentata in maniera indicativa soprattutto in alcuni scritti: la « Prefazione » a *Fontamara*, la « Nota » premessa all'edizione americana di *Vino e Pane* del 1962 (riprodotta nell'edizione « Oscar » Mondadori del 1969), i capitoli introduttivi a *L'avventura di un povero cristiano*, i saggi centrali di *Uscita di sicurezza* (*Uscita di sicurezza*, *Situazione degli ex*, *La scelta dei compagni*, *La lezione di Budapest*), il saggio *La narrativa e il sottosuolo meridionale* (in *La narrativa meridionale*, Quaderni di « Prospettive meridionali », n. 1, Roma, Editoriale di Cultura, 1956, pp. 93-102) e il saggio *Letteratura e politica* (in « Critica sociale », 20 aprile 1957).

Già si è avuto modo di accennare al « senso morale » che Silone attribuisce al narrare: raccontare, per lui, non è che una forma diversa e parallela del suo impegno, anzi è il suo modo di impegnarsi, la sua vera vocazione.

L'opera di Silone risente senz'altro della concezione della vita dello scrittore e ne rispecchia in maniera fedele la *vis* polemica e la tensione morale che aggredisce la materia narrativa per piegarla alle proprie esigenze. « Il solo impegno degno di rispetto » scrive Silone « è quello che risponde a una vocazione personale. »[1] Scrivere, dunque, non è una nobile e consolatoria astrazione dal mondo, ma la risposta ad un'intima esigenza che l'autore non può contrastare, pena il tradimento della propria « vocazione ». E, in quanto tale, l'atto dello scrivere non può non essere fatica e responsabilità:

> Lo scrivere non è stato, e non poteva essere, per me, salvo in qualche raro momento di grazia, un sereno godimento estetico, ma la penosa e solitaria continuazione di una lotta, dopo essermi separato da compagni assai cari. E le difficoltà con cui sono talvolta alle prese nell'esprimermi, non provengono certo dall'inosservanza delle famose regole del bello scrivere, ma da una coscienza che stenta a rimarginare alcune nascoste ferite, forse inguaribili, e che tuttavia, ostinatamente, esige la propria integrità[2].

Scrivere, insomma, è un mestiere, come altri, che s'impara con l'esercizio:

> Nessuna vanità può trattenermi dall'ammettere di aver fatto un'esperienza la quale conferma l'analogia tra lo scrivere e le altre arti, nel senso che anch'esso si impara e si perfeziona con l'esercizio[3].

L'analogia scrittura-arte/mestiere ricorre anche nella « Prefazione » a *Fontamara*:

> Tuttavia, se la lingua è presa in prestito, la maniera di raccontare, a me sembra, è nostra. È un'arte fontamarese. È quella stessa appresa da ragazzo, seduto sulla soglia di casa, o vicino al camino, nelle lunghe notti di veglia, o accanto al telaio, seguendo il ritmo del pedale, ascoltando le antiche storie.
> Non c'è alcuna differenza tra questa arte del raccontare, tra questa arte di mettere una parola dopo l'altra, una riga dopo l'altra, una frase dopo l'altra, una figura dopo l'altra, di spiegare una cosa per volta, senza allusioni, senza sottintesi, chiamando pane il pane e vino il vino, e l'antica arte di tessere, l'antica arte di mettere un filo dopo l'altro, pulitamente, ordinatamente, insistentemente, chiaramente[4].

Lo scrivere implica anche un paziente, lungo, faticoso e impegnativo lavoro di scavo e di ricerca delle motivazioni più segrete del proprio comportamento:

Se ho scritto dei libri, l'ho già detto, è per cercare di capire e di far capire[5].

L'azione, per Silone, deve rispondere prima di tutto ai dettami della coscienza. Allorché agire diventa estremamente difficile, la coscienza interroga l'uomo e gli chiede ragione del suo operato: è in questa zona estremamente problematica che la scrittura di Silone insegue il suo mondo morale e ne chiama a testimone i personaggi.

Il primato della coscienza e, quindi, della moralità sull'utile, accompagna tutta l'opera dello scrittore. Lo scacco che i personaggi subiscono per questa loro fedeltà è solo apparente e si trasforma nel suo contrario secondo una logica di reversibilità: il romanzo sottrae i personaggi al mondo della storia, ove sono irrimediabilmente sconfitti, e dà loro l'opportunità di una rivalsa. Essi, però, sono destinati ad essere vincitori nei tempi lunghi, al di là del dato immediato. Per questo cercano un rapporto privilegiato con il lettore attraverso il quale costituire una comunità ideale di uomini che « sentono » la vita allo stesso modo. Le ragioni della morale per avere il sopravvento esigono il sacrificio. Sacrificio anche nello stile che deve essere semplice:

In quanto allo stile, mi pare che la suprema saggezza nel raccontare sia di cercare di essere semplice[6].

E in un'altra occasione Silone scrive:

La peggiore tirannia è quella delle parole. Per apprendere di nuovo seriamente a pensare con lealtà bisognerebbe cominciare a rimettere un po' di ordine nel nostro linguaggio specialmente politico[7].

L'istanza morale comporta precise responsabilità per lo scrittore che è chiamato a dare testimonianza della propria esperienza di vita:

E se la mia opera letteraria ha un senso, in ultima analisi, è proprio in ciò: a un certo momento scrivere ha significato per me assoluta necessità di testimoniare, bisogno indero-

gabile di liberarmi da una ossessione, di affermare il senso
e i limiti di una dolorosa ma definitiva rottura, e di una
più sincera fedeltà[8].

La testimonianza, nel caso di Silone, concerne « due motivi tra loro intrecciati in un contrappunto assai evidente »:

l'immensa e antica pena dei cafoni meridionali e l'ango-
scioso dramma spirituale di un certo tipo di rivoluzionario
tra le due guerre[9].

Proprio perché scrivere è un atto chiarificatore dell'inquietudine esistenziale e morale dell'autore, il mondo poetico
di Silone appare quanto mai unitario. La sua opera è un
ininterrotto discorrere con la propria coscienza e i singoli
testi non rappresentano altro che i diversi momenti di questo itinerario di libertà e di affrancamento dai vincoli del
potere. Scrive in proposito Silone:

Se dipendesse da me, passerei volentieri la mia vita a scrivere lo stesso libro: quell'unico libro che ogni scrittore porta in sé, immagine della propria anima, e di cui le opere
pubblicate non sono che frammenti più o meno approssi-
mativi[10].

Libertà e potere sono i termini opposti attraverso cui ruota
il mondo poetico di Silone. Libertà intesa soprattutto come
esercizio della propria responsabilità e come capacità deci-
sionale che si *libera* dagli schemi precostituiti (ideologie) e
può moralmente agire in armonia con la propria coscienza.

Il destinatario

Diventa sintomatico, a questo punto, individuare il destinatario del « messaggio » siloniano. Per chi scrive Silone?
Nella « Prefazione » a *Fontamara* egli afferma di scrivere
soprattutto per farsi interprete del « dolore » dei cafoni
fontamaresi e di voler essere testimone del loro calvario:

Io so bene che il nome di cafone, nel linguaggio corrente
del mio paese, sia della campagna che della città, è ora ter-

mine di offesa e dileggio; ma io l'adopero in questo libro nella certezza che quando nel mio paese il dolore non sarà più vergogna, esso diventerà nome di rispetto, e forse anche di onore[11].

L'io narrante dell'autore deve, perciò, perdersi e lasciare la « voce » ai diretti testimoni della tragedia. La *fictio* cela proprio questa intenzione: chi scrive deve apparentemente scomparire di fronte all'urgenza dei *fatti* che premono e vogliono essere narrati.

Per non venir meno a questo compito di testimonianza, anzi per permettere ai protagonisti stessi della storia di essere testimoni, l'autore deve limitarsi a *tradurre* i fatti: egli è semplicemente il traduttore della testimonianza, ossia il tramite tra i cafoni e il lettore. La traduzione, però, non deve parodiare un italiano letterario che poco si addice ai cafoni. Essa deve mantenere inalterata, per quanto è possibile, la « maniera » di raccontare dei protagonisti.

È evidente che una simile operazione comporta una selezione sociale del destinatario: non tutti possono riconoscersi in questa storia. D'altra parte essa non provoca nemmeno un interesse « esotico » nel lettore. *Fontamara*, infatti, è « in stridente contrasto con l'immagine pittoresca » dell'Italia meridionale che di solito si può ritrovare nella « letteratura per turisti ». Nei libri di questa letteratura, scrive Silone, « l'Italia meridionale è una terra bellissima, in cui i contadini vanno al lavoro cantando cori di gioia, cui rispondono cori di villanelle abbigliate nei tradizionali costumi, mentre nel bosco vicino gorgheggiano gli usignoli ». « Purtroppo » egli continua « a Fontamara queste meraviglie non sono mai successe »:

I Fontamaresi vestono come i poveracci di tutte le contrade del mondo. E a Fontamara non c'è bosco: la montagna è arida, brulla, come la maggior parte dell'Appennino. Gli uccelli sono pochi e paurosi, per la caccia spietata che a essi si fa. Non c'è usignolo; nel dialetto non c'è neppure la parola per designarlo. I contadini non cantano, né in coro, né a soli; neppure quando sono ubriachi, tanto meno (e si capisce) andando al lavoro. Invece di cantare, volentieri bestemmiano. Per esprimere una grande emozione, la gioia, l'ira, e perfino la devozione religiosa, bestemmiano. Ma neppure nel bestemmiare portano molta fantasia e se la prendono sempre contro due o tre santi di loro conoscenza, li mannaggiano sempre con le stesse rozze parolacce[12].

La limitazione del destinatario si attua anche attraverso la forma, che deve essere, ed è, lontana dai modelli della prosa d'arte che in quegli anni venivano proposti dai più. Una simile scelta sembra fatta apposta per alienare allo scrittore il favore di certa critica che, di fatto, poteva trovare *Fontamara* ingenua se non «rozza». Silone, però, non si preoccupa di queste conseguenze:

I nostri prodotti appaiono agli uomini della città cose ingenue, rozze. Ma, abbiamo noi mai cercato di venderli in città? Abbiamo mai chiesto ai cittadini di raccontare i fatti loro a modo nostro? Non l'abbiamo mai chiesto.
Si lasci dunque a ognuno il diritto di raccontare i fatti suoi a modo suo[13].

La preoccupazione morale e la responsabilità del narratore comportano dunque un'esclusione significativa dei possibili lettori che si accosteranno all'opera. È Silone stesso, tuttavia, a scoprire con sorpresa nel testo una forza che supera le intenzioni dell'autore. In proposito egli racconta il seguente episodio:

Allorché, nel 1937, *Fontamara* fu tradotto, tra l'altro, in polacco e in croato, gli editori ebbero serie difficoltà con la censura. Il censore di Varsavia fu preso dal sospetto che non si trattasse d'un libro tradotto dall'italiano, ma che l'autore, certamente un polacco, avesse assunto uno pseudonimo italiano e posto il luogo dell'azione in Italia per ingannare la censura e rendere noti dei fatti che al censore risultavano accaduti in Polonia. Lo stesso dubbio, e per la stessa ragione, afferrò il censore di Zagabria. Le edizioni polacca e croata poterono uscire solo dopo che gli editori, con documenti alla mano, riuscirono a provare che si trattava realmente di una traduzione dall'italiano. Tuttavia, nell'edizione polacca, alcuni episodi che al censore suonavano più polacchi degli altri, dovettero essere limitati. Per le stesse ragioni, una progettata traduzione di *Fontamara* in arabo e un'altra traduzione in lingua bengali (una lingua indiana) dovettero essere abbandonate: non era la storia di un povero villaggio dell'Italia meridionale che spaventava, ma il fatto che quella storia aveva tutta l'aria di essersi svolta in Egitto o in India.

Queste considerazioni spingono Silone a concludere che « nel nostro pianeta non c'è nulla di più universale del dolore »:

> Ed è una vera sciocchezza, quando si parla di classe cosmopolita, d'intendere la clientela noiosa e annoiata dei grandi alberghi: il vero cosmopolitismo, su questa terra, è creato dai poveri. Sotto le diversità delle condizioni economiche, del clima, dei costumi, della religione, della lingua, i fellahin arabi, i coolis cinesi, i mugik russi, i peones dell'America del Sud, sono fratelli di una stessa famiglia. Ed è il mio orgoglio di scrittore aver aggiunto a questi nomi della sofferenza umana, un nome italiano, i cafoni...[14]

Attorno alla sofferenza che accompagna e accomuna tutti i poveri, Silone scopre un destinatario internazionale: il dolore abolisce le frontiere, e gli uomini di diversa nazione possono riconoscersi nella dura esperienza del dover soggiacere a un potere spietato e ingiusto.

Con le opere successive, il destinatario diventa meno legato ad una classe o ad una categoria sociale, e si fa più vicino a un certo tipo di uomo, a un « lettore modello » capace di identificarsi nell'eroe e di condividerne passione politica e idealità. Non è un caso, infatti, che dopo *Fontamara* vada esaurendosi la coralità della narrazione e che i tratti dei personaggi siano ben individualizzati soprattutto nella figura del protagonista su cui l'autore proietta in maniera decisa le sue aspirazioni. Emerge su tutti, negli altri romanzi, il personaggio del ribelle (Pietro Spina, Rocco De Donatis, Andrea Cipriani, Celestino V...), che funge da vero antagonista del potere e attraverso il quale Silone si appella ai lettori, o meglio a una possibile, ideale comunità di uomini che non ha ancora rinunciato alla lotta e la cui speranza è la stessa dell'autore. Per questi uomini, parole come mito del Regno o utopia sono ancora capaci di far scattare l'impegno contro le storture del potere.

Il testo narrativo, per Silone, dunque, non è altro che un tramite, un mezzo per permettere a tale comunità di lettori di ritrovarsi e stabilire una continuità che travalichi la morte e le generazioni. Esso segna in maniera drammatica una demarcazione tra quanti accettano passivamente l'ideologia dominante e i ribelli, cioè coloro che non si arrendono e continuano a sperare nonostante la storia non sia, nell'immediato, dalla loro parte. In questo senso ogni libro di Silone rappresenta veramente un appello diretto e privo della mediazione della critica « agli uomini di buona volontà ». Si chiede in proposito l'autore:

> Perché nello scrivere un libro, mi domandavo, la maggior parte degli scrittori pensa il più sovente ai colleghi e ai critici, che leggono un centinaio di libri l'anno, e non agli sconosciuti per i quali il libro può avere un'importanza personale?[15]

Nel discorso pronunciato a Basilea, nel 1947, al Congresso Internazionale del PEN Club, *Sulla dignità dell'intelligenza e l'indegnità degli intellettuali* (riprodotto ne « La Fiera Letteraria », 3 luglio 1947), Silone afferma che il rapporto tra lettore ed autore deve essere « un dialogo tra due uomini ». L'arte di narrare viene così concepita « non solo come rappresentazione di una realtà conosciuta, ma anche come veicolo di comunicazione, inteso a far capire, e soprattutto come *strumento di conoscenza* che serve allo scrittore a capirsi: a capire in quale misura ha risposto a una vocazione personale o meglio ha assolto alle sue responsabilità di uomo d'oggi »[16].

Tutta l'opera di Silone può essere interpretata come un duplice impegno di fedeltà: verso se stesso e verso il destinatario ideale (e reale) del suo messaggio. « La fedeltà agli uomini perseguitati in ragione del loro amore della libertà e della giustizia » egli scrive « impegna l'onore personale. »[17] Il costante riferimento a motivi e temi comuni a tutta la poetica siloniana implica un'altra costante: quella del lettore che, interpellato in maniera così diretta, di fronte alla situazione limite del testo può soltanto prendere atto della sua estraneità o riconoscervi la sua appartenenza.

Responsabilità della parola

I libri di Silone nascono da un'intima e profonda urgenza di *comunicare*. L'avvertire di avere una responsabilità verso il lettore comporta anche dei rischi e Silone se ne rende ben conto:

> Lo scrittore ispirato da un forte senso di responsabilità sociale è più di ogni altro esposto alla tentazione dell'enfasi, del teatrale, del romanzesco, e alla descrizione puramente esteriore delle cose e dei fatti, mentre quello che solo conta in ogni opera letteraria sono ovviamente le vicende della vita interiore dei personaggi[18].

L'urgenza di motivi e messaggi non deve tradursi in maniera ingenua nella parola. Silone ben conosce i pericoli del verbalismo ed è per questo che la responsabilità che sente verso la materia della propria narrazione deve informare anche l'ambito della parola.

La consapevolezza che « non si può sacrificare all'efficacia la dignità dell'arte senza sacrificare anche l'efficacia »[19] spinge Silone ad un attento lavoro di revisione dei romanzi scritti in esilio: l'urgenza dei motivi non deve trasformarsi in apologia affrettata e superficiale di idee:

> Non è che io abbia studiato stilistica, sia giunto a certe conclusioni e mi sia imposto determinate norme in base alle quali correggere i miei primi libri; niente di questo. Vi è stato, se mi è permesso dirlo, uno sviluppo interno, per cui la rilettura di *Fontamara* e di *Pane e vino* nel 1945-46, in vista di una ristampa in Italia, dopo la caduta del fascismo, fu per me una vera sofferenza: molte espressioni mi sembravano rozze, retoriche, prolisse, approssimative[20].

Il rifacimento non investe « la struttura e il carattere dei libri », che rimangono invariati, ma l'espressione che deve essere più adeguata nel senso « di una maggiore semplicità, chiarezza e plasticità »[21].

Il senso morale non basta a determinare il valore di un'opera, ma deve trovare una forma adeguata, una resa espressiva che rispetti le regole della *fictio*: occorre che i personaggi rispondano a una loro interna coerenza, che il paesaggio si armonizzi con l'azione narrativa e che la riflessione non si giustapponga ai fatti. Tensione morale, inquietudine privata e realtà oggettiva dei cafoni, insieme, devono trovare riscontro in uno stile che contemperi i diversi aspetti. Quando Silone riesce a equilibrare le varie esigenze che caratterizzano la sua poetica nascono pagine di rara intensità; là dove l'equilibrio si infrange l'esito è più incerto, meno necessario alla dinamica del racconto. Ciò che tuttavia si vuole sottolineare è la ricerca di questo equilibrio. Silone vive problemi anche da romanziere: allorché opera, non si lascia guidare ingenuamente dai suoi motivi, ma cerca di controllare le istanze morali che devono trovare struttura e forma adeguate.

Da un punto di vista formale Silone è autore più smaliziato e complesso di quanto si possa credere in apparenza. Egli insegue un suo modello di semplicità, ma la semplicità è cosa ben ardua e non va confusa con il semplicismo. Del resto, basti pensare all'abbondanza di ricorsi retorici presenti nella sua scrittura sin da *Fontamara*[22], per comprendere come ogni accusa di semplicismo sia quanto meno azzardata.

Pluralità dei registri linguistici

La struttura del periodo siloniano si articola attraverso una prosa « dura » che procede a fatica con un ritmo lento che ne ritarda il momento della risoluzione finale. L'effetto è quello di una vera e propria « sospensione » del periodo, di una zona semantica dove gli enunciati vengono diversamente sfumati e graduati. E ciò che costituisce una caratteristica di tutta la prosa di Silone, oltre a rallentare ampiamente il ritmo della pagina, le dà quasi una cadenza sacra, rimarcata ancora di più dalla presenza di tutte le figure retoriche della ripetizione.

Di fatto, è sufficiente confrontare gli artifici linguistici dei romanzi con quelli di alcuni saggi o con la *disputatio* retorica ne *La scuola dei dittatori* per insinuare il dubbio in più di uno dei critici detrattori. Silone è capace di servirsi di registri linguistici diversi e di far ricorso anche a un « bello stile »: dunque le difficoltà che incontra non sono di carenza stilistica o di impreparazione letteraria, ma sono difficoltà di romanziere che cerca una sua forma originale e stenta, talvolta, a trovarla. Alla lentezza del periodare nelle parti narrative e descrittive fanno da contrappeso i dialoghi che, più veloci, sembrano risentire in misura minore dell'esigenza di rigore linguistico che travaglia lo scrittore. Bisogna distinguere, tuttavia, diverse forme di dialogato. Vi è prima di tutto la mimesi linguistico-lessicale operata attraverso i cafoni che è vicina ai modi del parlato popolare. Silone, come si è visto trattando dei singoli romanzi, non raggiunge questo risultato direttamente mediante l'uso del dialetto (la cui presenza è limitata e sporadica), ma ricorrendo all'aneddoto, al motto, al proverbio e alla similitudine semplice ed efficace per rendere più concreto il pensiero attraverso la sintesi con un'immagine. Vi è poi il linguaggio volutamente gonfio dei notabili in cui si riversa il sarcasmo dell'autore. Vi è, infine, il registro espressivo dell'eroe protagonista, che è animato, anche nel suo parlato, da un desiderio polemico e provocatorio attraverso il quale cerca di indurre l'interlocutore a un confronto sfrondato da ogni cautela preliminare o di circostanza: ne deriva un dialogo serrato che costringe chi vi prende parte a essere « brutalmente » posto in relazione con la propria coscienza. I vari Pietro Spina, Rocco De Donatis e Andrea Cipriani, col loro linguaggio immediato e privo di eufemismi e di toni intermedi, ricercano, attraverso la comunicazione, un piano assoluto di coerenza, capace di mettere a nudo l'animo di chi parla e di chi ascolta. L'animosità, la passione e l'inquietudine che caratterizzano questa opera intesa a disvelare la verità provocano opposte reazioni, mai, però, indifferenza.

Per quanto riguarda il narrato, le pause riflessive e le descrizioni, in altre parole il connettivo del racconto, si armonizzano soprattutto con il punto di vista del personaggio protagonista, che a sua volta riflette la concezione dell'autore. Cristianesimo, socialismo e tutti gli aspetti comuni al pensiero di Silone informano in maniera netta anche le scelte lessicali e le forme linguistiche. È lo scrittore stesso ad attestare questo debito:

> L'educazione cristiana e una certa critica socialista del mondo moderno hanno lasciato tracce evidenti non solo nella concezione dei miei scritti, ma anche nei modi dell'espressione e dell'invenzione[23].

Nella sostanza, i registri linguistici rispecchiano la complessità del mondo poetico dell'autore e le diverse istanze che li determinano. La varietà del linguaggio non provoca, però, una frantumazione della scrittura. Gli aspetti diversi si compenetrano sino a fondersi in un linguaggio che appare unitario nelle sue differenziate manifestazioni e che segna in maniera quanto mai originale la prosa siloniana.

La struttura dei romanzi

La forma esteriore dei romanzi di Silone è gravata anche dalla difficoltà di ricercare una struttura adeguata. Infatti, soprattutto nei romanzi del dopo esilio (ma anche in quelli precedenti, in particolare ne *Il seme sotto la neve*), lo scrittore va alla ricerca di una struttura che non proceda linearmente, ma concentricamente attorno a un nucleo che solo gradualmente acquista rilevanza semantica.

In alcuni suoi romanzi, prima e dopo, passato e presente si intrecciano e si confondono alimentando nel lettore una *suspence*, una vera e propria sospensione del significato, che solo con l'incedere della narrazione trova una sua risoluzione. Questi *flash-back* e questo procedere a intervalli o per parti giustapposte che solo lentamente costruiscono la scena, contribuiscono a rallentare ancora di più il ritmo del racconto: linguaggio e struttura hanno entrambi il compito di graduare il significato. Solo alla fine ci si renderà conto che parte e tutto sono legati tra loro da un rapporto meno casuale e che un'attenta strategia ha in realtà dal di fuori controllato e posizionato ogni cosa.

Questa tecnica, basata sulla ricerca di una struttura adeguata che spesso ci fa assistere, nella narrazione, a « salti » in avanti o improvvisi recuperi che il lettore deve ricucire e mettere in relazione, è un'ulteriore riprova della complessità del mondo poetico di Silone.

In alcuni romanzi tale procedimento è più sviluppato che altrove e dà una certa irregolarità all'azione narrativa. È quanto, ad esempio, osserva R.W.B. Lewis riferendosi a *Una manciata di more*:

> A questo punto la narrazione si sviluppa in maniera piuttosto irregolare dato che Silone ha voluto adottare il sistema faulkneriano o conradiano di ruotare intorno a un avvenimento, invece di registrarne la progressione dei momenti. La cronologia è vaga, ma il movimento rotatorio è necessario e adatto, e ci fornisce una immagine precisa dell'inutile andirivieni, della ricerca – svolgentesi per successive rotazioni – di quel senso, perduto o tradito, di dedizione e di possibilità da cui la storia piglia inizio[24].

L'esito finale non è sempre uguale. Il rischio è di staccare troppo le parti del racconto e di non riuscire ad armonizzarle. Rischio che, secondo Lewis, è accuratamente evitato soprattutto ne *Il segreto di Luca*:

> Nessun altro romanzo di Silone è stato altrettanto abilmente architettato né realizzato con tanta padronanza; esso è d'una qualità distribuita così uniformemente che far cita-

zioni sarebbe inutile: in questo caso, tutto quanto il libro illustra se stesso[25].

Del resto i risultati diversi che Silone raggiunge nelle singole prove, qualunque sia il valore che si voglia attribuire loro, attestano in maniera sintomatica la continuità di una ricerca strutturale che non è certo episodica né tantomeno casuale. La non linearità della narrazione non deve essere allora interpretata come incapacità di far ricorso a un'impalcatura più snella, ma come architettura necessaria a saldare osmoticamente la struttura al linguaggio e viceversa.

Gli artifici linguistici

Tra gli artifici linguistici cui Silone ricorre uno dei più tipici è senz'altro l'iterazione. Essa, attraverso l'accumulazione e la sottolineatura del significato, si presta a rimarcare un aspetto o una situazione, a connotare emblematicamente un personaggio e a individuare parole o intere frasi chiave che acquistano in tal modo particolare rilevanza all'interno di un testo. Si pensi, ad esempio, ai cafoni intenti a « farsi i fatti propri » e all'assillo di questa frase in *Fontamara* e *Uscita di sicurezza*; alle parole « pane » e « vino » nel libro omonimo; al termine « cafone » con tutte le sue varianti soprattutto in *Fontamara* ma anche in altre opere. Secondo G. Rigobello:

Nella parola iterata è il *leitmotiv* di una situazione, di un personaggio, di una pagina, di un capitolo, di un libro intero[26].

Un altro procedimento espressivo molto frequente nell'opera di Silone è la forma ternaria che è:

cifra amatissima dall'autore, che vi condensa, come in una trinità, un piccolo universo di concetti, ritenuti fondamentali per definire un ritratto, una situazione, una visione del mondo e così via[27].

Ecco alcuni esempi di questa forma così ricorrente:

> Don Severino ha l'aspetto la voce i gesti di un febbricitante[28].
> Nel panno grigio verde, col petto gonfio a fisarmonica e le spalle allargate a pagoda cinese, egli si scopre ridicolo goffo impagliato[29].
> La paglia era gialla, il pane bruno, il vino rosso[30].
> Egli portava una camicia turchina assai scolorita, aperta sul torace largo magro ossuto[31].
> Ma, nonostante tutto, il Partito corrisponde ancora a ciò che in te c'è di forte virile attivo[32].
> Era un vecchietto gracile raffinato ambiguo[33].

Come si può osservare la scansione della frase spesso dà luogo alla sinonimia.

Ugualmente frequente in Silone è il ricorso alla struttura binaria dell'espressione, tanto attraverso l'accoppiamento di singole parole (aggettivi, sostantivi, verbi) quanto attraverso la messa in relazione di sintagmi o di intere proposizioni:

> L'aria è umida e triste[34].
> Mastro Eutimio risponde con un gesto cortese e umile[35].
> Calabasce cerca una lanterna e scende in fretta le scale[36].
> Stella sorrise e fece un gesto elusivo[37].
> Il suo viso ovale e giallo e gli occhi smorti gli davano l'aspetto di un uccello notturno[38].

Notevole, nella prosa di Silone, è anche la frequenza delle similitudini che hanno prevalentemente la funzione di supporto di un concetto. Per questo motivo tale strumento linguistico è adoperato soprattutto dai contadini, ma non mancano i passi in cui la similitudine diventa mezzo espressivo che si presta alla sintesi di pensiero dell'autore. Anche in questo caso la scelta esemplificativa può servirsi di un campo d'azione quanto mai esteso e variegato:

> Il bambino era posato per terra in un cesto di vimini *come un cavolfiore* e la sua faccia arrossata dal riverbero del fuoco era *come una mela*[39].
> La luce del fuoco metteva in rilievo le sue caviglie gonfie,

le mani ossute stanche posate sui ginocchi, il petto alto
sporgente *come una mensola* e il faccione pieno e piatto,
d'un colorito bruno terroso, *simile alla scorza delle patate
arrostite...*[40]
I pazzi spiega Simone con pacato ottimismo sono *come gli
uccelli dell'aria e i gigli delle valli*[41].
Sembra un alberello ambulante che cerca di qua e di là dove mettere le radici[42].
Sono *come l'aglio* disse ridendo capo bianco coda verde[43].
Lauretta era una ragazza buona *come il pane*[44].
Egli portava sulla schiena un fagottino dal quale usciva, in
accompagnamento al suo saltellare, uno stridio *simile a
quello di una cicala*[45].

Negli esempi citati emerge con immediata evidenza la semplicità delle similitudini di Silone, che risultano per lo più
realizzate attraverso un'analogia quotidiana e familiare
con il mondo animale e naturale in genere.

Passando ad altri aspetti stilistico-espressivi, poiché le
tematiche morali, nella produzione narrativa di Silone,
hanno un alto valore simbolico e allegorico, il linguaggio
siloniano non è mai semanticamente neutro ma si carica di
un'allusività che è caratteristica pressoché comune a tutta
la sua opera. Infatti, attraverso il ricorso simbolico le parole acquistano particolare significato: si spostano dal piano letterale e diventano cifre di un messaggio più velato e
profondo. Questo particolare uso del linguaggio mette in
evidenza la valenza spiccatamente religiosa del dettato
espressivo. I sostantivi « vino » e « pane », ad esempio,
nell'opera omonima, sono investiti di un particolare valore
semantico nei diversi contesti situazionali in cui ricorrono:
significato letterale e significato simbolico, in tal modo,
danno inizio a un particolare gioco di scambio che confonde prima i due piani per poi lasciar trapelare tutta l'evidenza del simbolo eucaristico con la correlata idea del sacrificio. Naturalmente, lo scarto rispetto alle manifestazioni
confessionali del simbolo religioso è notevole, perché esso
viene calato in una diversa realtà il cui contesto è inequivo-
cabilmente secolare. E se Silone ricorre spesso alla simbo-

logia religiosa nella sua narrativa, egli, dopo averla decontestualizzata, la reinterpreta per sacralizzare la quotidianità.

Un altro aspetto tipico del linguaggio di Silone è la sua tendenza ad attingere la materia della narrazione dalla cronaca per poi trasformarla in mito. È quanto, ad esempio, accade con la tromba di Lazzaro come ci informa lo stesso autore:

> « Se non sbaglio » dice l'amico « un tuo personaggio di *Una manciata di more* trovò rifugio da queste parti, in un convento di francescani, durante la dittatura. »
> « Esatto » dico. « Fu il vecchio Lazzaro, con la sua tromba. »
> « L'indomito Lazzaro, con la sua tromba apocalittica » esclama l'amico. « Una trovata celestiniana. »
> « Non del tutto una trovata » gli spiego. « Quella tromba inizialmente apparteneva alla cronaca. Era una tromba qualsiasi che veniva suonata per adunare i contadini [...]. »
> « Un fatto di cronaca che diventa un mito » commenta l'amico. « Non accade tutti i giorni. »
> « Sì e no. La tromba era la possibilità di stare assieme. Ma l'unione dei poveri crea, in certe circostanze di tempo e di luogo, una carica escatologica. »[46]

Il linguaggio della narrazione sottrae all'esperienza oggetti e azione per evidenziarne il valore paradigmatico e il recondito contenuto morale. Il narratore, insomma, nasconde sempre un livello di lettura più profondo, anagogico, che il lettore deve essere in grado di disvelare. Il romanzo diventa esso stesso allegoria della vita e pausa riflessiva su alcuni fatti di cronaca, ritenuti emblematici, che sono riproposti attraverso la scrittura perché chi legge ne tragga un vantaggio morale. Il linguaggio di Silone, come si è avuto già modo di dire, non è univoco; in esso confluiscono diversi registri e codici: realistico, mimetico, popolare, favolistico, aneddotico, allegorico, anagogico... Attraverso questa variegata coesistenza espressiva l'azione narrativa supera il dato eminentemente storico (la cronaca) e può trasformarsi in spazio a più dimensioni ove si esplica l'incontro di una coscienza che interroga un'altra coscienza. Si è parlato in proposito di espressionismo, e se si intende con tale termine sottolineare le diverse componenti del linguaggio siloniano, il suo attingere a zone di diversa estrazione linguistica attraverso più artifici retorici, nonché la sua propensione a rimarcare l'accentuazione della scrittura in chiave connotativa, l'uso è senz'altro appropriato.

Rimane, per ultimo, da mettere in evidenza il ricorso all'ironia. Di fatto, è lo stesso Silone, nella nota introduttiva a *Vino e pane*, ad attestare la presenza di questo espediente espressivo nell'opera, quale correttivo del *pathos*. Il timbro ironico, in Silone, però, non serve solo a far rientrare l'enfasi ma anche a sottolineare ambizioni, vezzi e stupidità dei notabili. In questa forma l'ironia può esplicarsi tanto nelle descrizioni dei personaggi o negli aneddoti ad essi legati (si pensi alla signorina Eufemia e ai suoi *eufemismi* ne *Il seme sotto la neve*) quanto attraverso gli stessi nomi (don Circostanza in *Fontamara*, don Marcantonio ne *Il seme sotto la neve*...). L'ironia si rivolge talvolta agli stessi cafoni: aspetto comico-amaro della vita che li sorprende nel loro ingenuo tentativo di divincolarsi da un destino che in realtà li beffeggia.

In ultima analisi, l'ironia serve ad evidenziare il punto di vista dell'autore e per questo essa è sempre accompagnata da una venatura di malinconia che incrina un po' la fiducia dei personaggi di Silone, ma ne rende anche meno velleitari e più umani gli sforzi.

5
LA FORTUNA CRITICA

Alcune considerazioni preliminari

Silone rappresenta veramente un «caso» nel panorama della nostra letteratura: ai consensi che hanno accompagnato la lettura delle sue opere all'estero, fa riscontro un lento e contrastato riconoscimento in Italia.

Questa discrepanza di giudizio è talvolta così netta da assimilare da un lato Silone ai più rappresentativi scrittori europei, dall'altro a non riconoscerlo neanche come scrittore. Le cause di una simile divergenza ci portano, in primo luogo, a sottolineare l'imbarazzo con cui la critica italiana si è mossa (e in parte si muove ancora) di fronte a uno scrittore tanto lontano, per impostazione linguistica oltre che per tematiche, da una narrativa italiana tradizionalmente attenta ai problemi della forma sia nel senso della continuità sia in quello dello sperimentalismo. L'atteggiamento della critica italiana trova tuttavia un'attenuante nel lungo periodo di assenza dall'Italia di Silone, assenza che contribuì a creare non pochi equivoci, sia perché alcuni ritennero la fama di Silone usurpata ed alimentata pretestuosamente dagli Alleati per creare una coscienza antifascista negli italiani sia, anche, per la presenza di alcune edizioni di guerra di *Fontamara* e *Pane e vino*, piene di errori tipografici, che circolavano tra gli italiani prigionieri degli Alleati all'insaputa dell'autore. La critica, di fatto, si è potuta accostare all'opera genuina di Silone con notevole ritardo, quando la sua fama internazionale era ormai già consacrata ed egli era stato riconosciuto scrittore tra i più fecondi ed originali. Di fatto, come si è visto, Silone scoprì in Svizzera, dove visse dal 1929 al 1944, la sua vocazione di scrittore e in Svizzera pubblicò le prime edizioni dei suoi romanzi che, per tutto il periodo del fascismo, non poterono circolare in Italia. Per quindici anni, dunque, la critica che si è potuta occupare di Silone è stata soprattutto quella straniera, né poteva essere altrimenti. All'estero, dunque, le opere scritte da Silone durante l'esilio (*Fontamara, Pane e vino, La scuola dei dittatori, Il seme sotto la neve*) suscitarono subito un vasto interesse non soltanto nel pubblico ma anche negli ambienti letterari. Inizialmente a studiare ed apprezzare Silone furono alcuni scrittori e critici meno legati all'ufficialità accademica quali J. Wassermann, G. Greene ed E. Wilson, ma rapidamente la sua fama crebbe e si estese un po' dappertutto. Ai nomi citati, infatti, si aggiunsero gradualmente quelli degli americani E. Kazin, M. Harrington, R.W.B. Lewis, T. Bergin, W. R. Mueller, dei francesi M. Vaussard, M. Nadeau, A. Rousseaux, H. Louette, degli inglesi D. Paul, I. Quigley, S. Spender, degli svizzeri J. Samson e R. Humm, della sudamericana A. N. Marani e di altri scrittori famosi quali L. Trotzkij, T. Mann, B. von Brentano, W. Faulkner, A. Camus, F. Mauriac, C. Milosc[1].

Per comprendere il consenso e anche la commozione che le opere dell'esilio di Silone suscitarono sia nei critici sia, soprattutto, nei normali lettori bisogna riandare con la mente a quegli anni bui, caratterizzati tra l'altro, da un cieco conformismo culturale e da una vera e propria stasi editoriale. *Fontamara*, ad esempio, è un libro in perfetta osmosi coi tempi in cui fu elaborato: esso, al di là della forma stessa non ancora compiuta, ha cercato e trovato le attese delle anime più sensibili e, in generale, di quanti avvertivano l'esigenza di una « svolta » attraverso una narrazione che si aprisse con più immediatezza alla storia. Allo stesso modo sono in perfetta osmosi coi tempi la solitudine di Pietro Spina, la sua ricerca inquieta, il suo sentimento di delusione e la sua volontà a resistere e sperare *nonostante tutto*. Per questo *Fontamara* e *Pane e vino* apparvero due libri *necessari*, avvertiti da molti come tali. Scrive ad esempio Alfred Kazin, nel 1937:

> *Pane e vino* è caratterizzato da questo senso di comunione, superbamente comunicato, sebbene gran parte del libro sia lo studio d'una sconfitta e degenerazione: Silone scrive d'un rivoluzionario che perde la fede nella rivoluzione, di popolazioni che perdono la fede in se stesse, dei suoi contemporanei che hanno rinunciato alla fede, che sono stati ridotti ad agire da sicofanti [...]. Questa è credo la reale bellezza del libro: Silone sente di dover essere onesto, di dover raccontare la storia d'una crisi così dolorosa il più obiettivamente possibile [...]. Silone, tranquillamente, fantasticamente, artisticamente, sta dicendo in quelle ultime pagine che l'Europa, il continente spezzato, ha un'anima[2].

Se, come dovrebbe ormai essere chiaro, l'epoca in cui questi romanzi di Silone furono pubblicati costituisce un aspetto non certo secondario per comprendere il valore di impatto dirompente che essi assunsero in quegli anni, bisogna tener presente che la critica italiana, esclusa da ogni contatto con l'opera di Silone dall'ostracismo fascista, non poté beneficiare di un simile approccio emotivo. Quando poi i libri furono conosciuti in Italia, parte di questa carica si era ormai persa. Il rischio, a questo punto, era di confondere l'indignazione con la retorica: Silone era ben consapevole della cosa e, per questo, sottopose i testi pubblicati in esilio a un minuzioso lavoro di revisione: la possibilità per la critica italiana di valutare obiettivamente il suo itinerario poetico nell'esatta cronologia del suo farsi doveva essere in parte ancora rimandata. Nel dopoguerra, infatti, alle edizioni italiane delle opere dell'esilio si alternavano pubblicazioni di nuovi romanzi, e ciò rese più confusi gli interventi dei critici e più difficile ogni tentativo di analisi sistematica. *La scuola dei dittatori*, ad esempio, fu pubblicato in Italia solo nel 1962 quando Silone aveva già dato alle stampe *Una manciata di more* (1952), *Il segreto di Luca* (1956) e *La volpe e le camelie* (1960). Le versioni definitive di *Fontamara*, *Vino e pane* e *Il seme sotto la neve* apparvero, invece, rispettivamente nel 1949, nel 1955 e nel 1961.

La critica italiana nel dopoguerra

Nell'immediato dopoguerra, complice anche una certa ostilità dell'ambiente comunista, il silenzio accompagna le prime edizioni in lingua italiana delle opere di Silone. Particolarmente significativo, ad esempio, è il giudizio di Luigi Russo che, riferendosi a Silone, afferma: « La sua fama di scrittore si è formata all'estero, per ragioni estranee all'arte e alla letteratura »[3]. Di fatto, in questo periodo, Silone è considerato un prodotto del « fuoriuscitismo », assimilabile ad altri scrittori che si collocano in questo ristretto ambito letterario, come ad esempio Germanetto e Taddei: scrittori, si dice, che sono legati soprattutto alla parentesi dell'esilio e che, una volta venuta meno tale occasione, non hanno più ragione per continuare a scrivere. La critica non ha dunque interesse a riconsiderare la loro attività letteraria se non, come afferma Natalino Sapegno, « con la forza del loro messaggio umano e politico, ma anche con la scoperta debolezza di una precisa vocazione letteraria »[4].

Accanto ai silenzi e alle frettolose stroncature, però, non mancarono sin dall'inizio voci di consenso che cercarono di analizzare con maggiore attenzione l'opera di Silone. Così, se nel '47 la prima edizione italiana di *Fontamara* (Faro) passò quasi inosservata, nel '49 la nuova edizione Mondadori ebbe invece una più vasta eco. Francesco Flora, uno dei primi e più attenti lettori di Silone, in polemica con altri critici, prende chiaramente posizione a difesa dello scrittore abruzzese nel V volume della sua *Storia della letteratura italiana* (Mondadori, Milano 1949):

Con una fantasia carica di umana sofferenza e di intensa religione sociale, principalmente verso gli umili, sotto lo stimolo pungente, che fu la ragione stessa del suo esilio, dell'avversione a un regime di falsità; ma con la malinconia affettuosa di ogni esilio e la lontananza che gli governa il ricordo, e una certa letizia ironica che allenta le tensioni, Silone rappresenta la vita dei cafoni nella terra arida e brulla, ove non c'è bosco e non c'è usignolo (« nel dialetto non c'è neppure la parola per indicare l'usignolo »), e racconta il rapporto o forse l'urto tra la tradizione campagnola e l'arbitrio del regime, con le sue gerarchie e le sue condanne all'entusiasmo [...]. E infine se egli non è narratore nato, non so più che cosa possano essere romanzi e racconti, spontaneamente ordinati dalla virtù dell'arte.

Come si può notare anche da questo giudizio, il problema principale per la critica italiana, in quei primi anni d'approccio con l'opera di Silone, non è tanto quello di cogliere attraverso l'analisi dinamiche e peculiarità narratologiche, quanto quello di stabilire, prima di ogni altra considerazione, se l'autore abruzzese sia o meno uno scrittore: se egli debba la sua notorietà a un « lancio » degli anglo-americani in chiave antifascista oppure a meriti genuinamente letterari.

Una prima inversione di tendenza: il « caso » Silone

Comunque, a preparare il superamento di questa prima fase della fortuna critica di Silone, contribuirono alcune valutazioni favorevoli di indubbio valore carismatico, espresse da Geno Pampaloni, Giorgio Petrocchi, Guido Piovene, Goffredo Bellonci, Francesco Jovine, Piero Citati e Guglielmo Petroni. Così, ad esempio, Geno Pampaloni, in un suo intervento su « Il Ponte »[5] individua, ancora nel '49, nell'ironia siloniana « uno dei suoi motivi più continui. È un'ironia che è divisa nel migliore dei casi da un filo di rasoio dalla malinconia, e spesso vi si confonde ». A proposito poi de *Il seme sotto la neve*, sempre nello stesso saggio, Pampaloni afferma che quella di Silone è « una sintassi ipotattica, concentrica, a cerchi sempre molto larghi, un'approssimazione di sostanza non dirò cerebrale ma certo determinata da un istintivo eccesso di cultura ». Cade dunque, grazie a Pampaloni, uno dei luoghi comuni su Silone, quello dello scrittore rozzo e ingenuo. Guglielmo Petroni, a sua volta, su « La Fiera Letteraria » dell'11 dicembre 1949 mette in evidenza il particolare rapporto che lega la scrittura di Silone alla sua vita e che lo allontana in maniera singolare dalla formazione « tradizionale » degli altri scrittori italiani.

Negli anni Cinquanta, poi, esplode senz'altro il « caso » Silone, almeno come tentativo di definire, in qualche modo, la sua opera e di « inquadrarla » nella nuova situazione della letteratura italiana. Il « caso », tra l'altro, è alimentato anche dal mai venuto meno interesse della critica straniera per lo scrittore abruzzese. L'opera di Silone, infatti, continua ad essere in molte nazioni oggetto di attente analisi e di valutazioni accademiche di indubbio spessore letterario. Così, André Rousseaux, in un intervento su « Le Figaro Littéraire » del 17 maggio 1953 (*Les vérités terriennes d'Ignazio Silone*), dopo aver scritto che Silone « è dotato d'un talento fortemente radicato nella terra degli uomini », ricorda che Faulkner lo ha definito « il più grande scrittore italiano vivente ». Michael Harrington, a sua volta, nel saggio *The political novel today* apparso su « The Commonweal » (New York, 28 ottobre 1955), afferma che Silone « presenta lo stesso tipo d'ansietà che distingue Koestler e Malraux, la transizione dal proletario al contadino, l'urto tremendo per l'insuccesso della rivoluzione europea. Ma è racchiuso in un diverso contesto positivo: una fede non marxista nella missione dei contadini come una classe a sé nella politica ». Per Harrington « Koestler, Malraux, Silone e altri come Camus, Sperber, Sartre, costituiscono in vari modi la reazione al più cosciente movimento di classi che l'Europa abbia conosciuto ». In particolare, Silone e Camus sono « i migliori esempi » di « una reazione morale contro questo mondo, un appello, non alla disperazione, ma, come recentemente scrisse Silone, alla "scelta dei compagni", alla complessa opzione per la giustizia, questa eterna fuggitiva dal campo dei vincitori ».

Albert Camus, invece, in un'intervista concessa l'indomani del conferimento del premio Nobel '57[6], sottolinea il respiro europeo dell'opera di Silone:

Ho imparato, come si impara a respirare, che l'amore per la propria terra poteva allargarsi senza morire. È, infine, perché amo il mio paese che mi sento europeo. Guardate, ad esempio, Ortega y Gasset. Egli è, forse, dopo Nietzsche, il più grande scrittore europeo e tuttavia è difficile essere più spagnolo di lui. Guardate Silone, che parla a tutta l'Europa. Se io mi sento legato a lui è perché egli è nello stesso tempo incredibilmente radicato nella sua tradizione nazionale ed anche provinciale.

Lo scrittore polacco Czeslaw Milosc, poi, in una conferenza[7] afferma che « in questa nostra epoca quasi indefinibile per mancanza di prospettive » alcuni scrittori in particolare possono esserci d'aiuto:

Simone Weil, che riusciva a raggiungere il sacro attraverso l'attualità e la storia; Jaspers quantunque la mia educazione cattolica non mi permetta di seguirlo in tutti i suoi ragionamenti, Silone e Camus, che alimentano la nostra speranza nella fraternità umana.

R.W.B. Lewis nel saggio *The Picaresque Saint*[8], fa un'analisi dei personaggi e dei temi di sei scrittori che gli appaiono come i più significativi del nostro tempo (Moravia, Camus, Silone, Faulkner, Greene, Malraux) e non è certo un caso che il saggio su Silone sia il più ampio di tutti e dia il titolo anche all'intero volume. Nella premessa all'edizione italiana di questo testo, Lewis scrive tra l'altro che la forma che ha raggiunto

è fantasiosa, non meditativa [...]. Per quanto questa forma possa essere incompleta, non più che sottintesa, e sembri aver ricevuto contusioni già nel nascere, nondimeno essa riassume la più efficace immagine dell'esperienza umana offerta dalla narrativa contemporanea[9].

Il nome di Silone viene dunque affiancato dalla critica non italiana agli autori più significativi del nostro secolo creando non poco imbarazzo a chi in Italia s'attardava ancora a mettere in discussione l'esistenza letteraria dello scrittore. Anche in Italia, però, la tesi di un Silone semplice testimone del periodo dell'esilio cade nel momento in cui ci si accorge che l'autore abruzzese continua a scrivere e pubblicare romanzi. L'indifferenza critica nei suoi confronti, perciò, viene meno nel 1952, quando viene immessa nel mercato italiano l'opera *Una manciata di more*. Si tratta, come si è già avuto modo di sottolineare, del primo testo di Silone scritto in Italia e, come scrive G. Petrocchi

> si rileggono allora, o si leggono per la prima volta, le opere precedenti già richiamate all'attenzione dalle edizioni mondadoriane. Ci si chiede chi sia questo Silone, come mai abbia incontrato tanto successo all'estero, come si possa situarlo nella nostra letteratura (« il caso Silone »)[10].

I consensi, tuttavia, non sono unanimi. Se per Petrocchi[11], infatti, il libro rappresenta la prova più sicura di Silone, quella in cui « l'abilità del romanziere s'è indubbiamente irrobustita e coglie paesaggi, scorci, colori con esperienza maggiore », per altri è invece l'occasione di nuove polemiche. In particolar modo la critica di sinistra vede in *Una manciata di more* un'accusa diretta al Partito comunista e per questo s'accanisce contro lo scrittore. Scrive ad esempio Carlo Salinari, in un articolo apparso su « L'Unità » del 2 agosto 1952, *L'ultimo Silone*:

> La caratteristica fondamentale di Silone scrittore è l'impotenza. Egli è incapace, attraverso la parola, di creare un sentimento, un personaggio, un ambiente. C'è sempre qualcosa di falso di calcolato d'insincero che gli impedisce d'abbandonarsi all'onda del racconto. Il suo umorismo è sforzato come quello di un seminarista, i suoi personaggi sono rigidi e impacciati come marionette, gli stati d'animo sono registrati con il calore e la passione di un ragioniere, i suoi paesaggi sono irrimediabilmente banali e ricalcati sul luogo comune [...]. Si riflette nello scrittore l'impotenza di tutta la sua personalità. Silone non è che un velleitario che trasferisce nel sogno ciò che gli è impossibile ottenere nella realtà e nel sogno si appaga [...]. A Roma, quando, durante una partita di calcio, un giocatore manifesta chiaramente di non saper giocare, il pubblico gli rivolge un consiglio, insieme scherzoso e fraterno: di cambiare mestiere. Forse è sconveniente ma ci è venuta irresistibile la tentazione di rivolgere a Silone lo stesso invito, affinché non insista a voler

fare lo scrittore. Ma poi ci è sorto un dubbio. Politico? No. Scrittore? No. E che gli facciamo fare, pover'uomo?

Nel 1954 « La Fiera Letteraria » dedica a Silone la « Galleria degli scrittori italiani » con contributi di numerosi critici. Tra gli altri Enrico Falqui[12] afferma che « lo scarso e contrastato riconoscimento toccato a Silone in patria costituisce un flagrante "caso" d'ingiustizia » e si chiede « perché non prestare orecchio più aperto e attenzione meno prevenuta alle storie ch'egli ci vien raccontando da *Fontamara* a *Una manciata di more*? Guido Piovene, poi, scrive:

La ragione più vera, per cui Silone è un grande scrittore, al di fuori del « mito » creatosi intorno a lui, è ch'egli non scrive mai invano [...]. Egli è il contrario dello scrittore professionale. Scrive quando e perché ha qualche cosa di vitale da dire e da comunicare al prossimo.

Alfonso Gatto, invece, si sofferma più acutamente sui motivi del mancato o tardivo riconoscimento di Silone in Italia:

Chi ha parlato di argomenti « astratti » per Silone e delle sue difficoltà di dover piegare a questa esigenza intellettuale un linguaggio che mostra la sua forza solo quando resta fedele alla sua povertà, non s'è reso conto, a nostro avviso, di quanto l'« antiletterarietà » dello scrittore sia la forma stessa della sua protesta e di come questa protesta sia l'impaccio dell'uomo originario e originale che non sa dire le ragioni del suo cuore, sino a farle traboccare nei gesti, in quel movimento unico e cupo del corpo e della volontà che può portare di scatto alla decisione e al sacrificio di sé.

L'intervento di Gatto segna un momento importante nell'analisi dell'opera di Silone: il « caso » Silone si trasforma nel caso della critica italiana. Questa, a dire di Gatto, è rea di non aver saputo scoprire:

il potere di convinzione di un'opera che mette in dubbio, a vantaggio di una nostra migliore generosità, i limiti di quel passato prossimo – gusto, educazione, abitudini – che Silone ha combattuto e che in Italia era nostro e non suo.

Con la pubblicazione de *Il segreto di Luca* (1956) le perplessità attorno al nome di Silone permangono, anche se il libro incontra, indubbiamente, maggiore favore. Alcuni critici come Giancarlo Vigorelli, Ferdinando Virdia, Giuseppe Ravegnani e Giacinto Spagnoletti ravvisano una svolta nella scrittura e nelle tematiche siloniane e confrontano così il romanzo con le opere precedenti mettendone in evidenza la migliore riuscita. Anche Geno Pampaloni è d'accordo nel rimarcare la positiva peculiarità de *Il segreto di Luca*: la novità del romanzo, per lui sta

> in un affidarsi più libero alla fantasia, in un appello più diretto ai fatti e alla loro forza umana[13].

Il definitivo riconoscimento

Nel 1960 *La volpe e le camelie* segna una battuta di arresto nella graduale affermazione di Silone quale scrittore nel nostro panorama letterario. L'opera fu infatti accolta in Italia come una prova minore e poco significativa nell'itinerario poetico dell'autore. Maggiori consensi essa riscontra, invece, all'estero. Poi, nel 1962, *La scuola dei dittatori* incontrò soprattutto il favore degli esperti di storia e di politica (Panfilo Gentile, Luigi Salvatorelli, Leo Valiani). Così Luigi Salvatorelli su « La Stampa » del 12 settembre 1962 (*Ignazio Silone ha scritto un « Principe » per il XX secolo: La scuola dei dittatori*) scrive che Silone « ha nella nostra epoca con altri mezzi e altre intenzioni, adempiuto alla stessa funzione di Machiavelli nel 1500 »:

> Come Machiavelli nel *Principe* ha smontato la macchina dei prìncipi, o « tiranni » del Rinascimento italiano, così Ignazio Silone ne *La scuola dei dittatori* smonta la macchina dei « duci » del nostro tempo.

Per Panfilo Gentile[14] il libro « è destinato ad entrare di pieno diritto nella storiografia del fascismo e più generalmente delle moderne dittature ». Geno Pampaloni in *Silone prefe-*

risce definirsi cinico («Epoca», 26 agosto 1962) osserva che:

> Silone è forse l'unico degli antifascisti militanti che si rifiuti alla qualifica di antifascista, poiché ritiene di non dovere mai dimenticare che la sua opposizione al fascismo non fu che *una* forma di una opposizione più generale e profonda alla menzogna sociale, alla coartazione, alla dittatura.

Per la critica comunista, invece, *La scuola dei dittatori* è una conferma dell'individualismo anarchico dell'autore, con l'aggravante, scrive Salinari[15] «che, non essendo un romanzo, di quell'atteggiamento mostra con maggior evidenza i limiti ideali e umani».

È solo con la pubblicazione di *Uscita di sicurezza* (1965) che si assiste a una brusca e più estesa inversione di tendenza cui fa seguito una generale ammissione del valore letterario dell'opera di Silone. Con quest'opera, infatti, si può dire che la fase di riconoscimento «profilatasi da lontano e in modo fluttuante nel '52-'54, ingranatasi poi nel '62, ha ormai preso definitivamente il via»[16].

Tanto per cominciare, il libro fu escluso dal premio Viareggio 1965. L'episodio suscitò la veemente protesta di critici e letterati: la polemica per l'esclusione dilagò ben presto su tutta la stampa e un mese dopo a Silone veniva conferito il premio Marzotto. Il coro dei *mea culpa* ebbe inizio con la firma autorevole di Carlo Bo, che su «L'Europeo» del 4 aprile 1965 (*C'è qualche eccezione alla triste regola delle riviste*) scrive che il «caso di questo scrittore che è tornato in Italia con la fine del fascismo, avvolto in una luce di gloria mondiale, resta molto curioso»:

> C'è una sproporzione tra i due momenti di Silone e non c'è dubbio che nel nostro gioco di riserve c'è una grossa parte di responsabilità che dipende soltanto da noi. Probabilmente non siamo pronti o non siamo ancora del tutto abituati a una letteratura che non nasconde le sue radici morali e siamo invece portati a distinguere, a separare due mondi che hanno invece per Silone una profonda unità.

Subito dopo, il processo di autocritica trovava un'altra voce in Indro Montanelli che nell'articolo *Ignazio Silone* (nel « Corriere della Sera », 5 giugno 1965) afferma:

> Mi era antipatico non per i suoi ma per i miei errori. Più lo conoscevo attraverso i suoi scritti più dovevo constatare che non solo egli non somigliava affatto al personaggio che m'ero immaginato ma che anzi ne rappresentava la flagrante contraddizione.

Quindi, in un nuovo articolo, a proposito dell'esclusione dal premio Viareggio, Carlo Bo scrive:

> Silone è stato escluso dal Viareggio così come sinora lo abbiamo escluso dalle nostre preoccupazioni e dalle nostre riflessioni quotidiane, un po' perché il suo caso disturba, dà noia, e soprattutto perché affrontarlo richiederebbe un altro impegno e finirebbe per investire tutta la nostra struttura intellettuale e spirituale[17].

Anche l'ultimo lavoro di Ignazio Silone, *L'avventura di un povero cristiano* (1968), riscuote riconoscimenti un po' dappertutto: i consensi, nei numerosi interventi dei critici, sono pressoché unanimi e il libro vince anche diversi premi letterari (si ricordi, per tutti, il Campiello nel settembre dello stesso anno). Tra i commenti « a caldo » dell'opera su Celestino V segnaliamo quelli di Arnaldo Bocelli[18], Geno Pampaloni[19], Guido Piovene[20], Giancarlo Vigorelli[21], Carlo Bo[22], Enrico Falqui[23], Claudio Marabini[24] e Andrea Rapisarda[25]. Particolare interesse suscita il dramma in ambiente cattolico. Secondo L. D'Eramo: « È stato il Concilio Vaticano II a determinare l'atteggiamento nuovo dei cattolici italiani » nei confronti dell'opera di Silone; in particolare è il giovane clero italiano che si riconosce maggiormente nell'*avventura* di Pier Celestino. Di contro negli ambienti più conservatori « affiora un malcelato risentimento e allarme »[26].

Il teologo gesuita padre Domenico Grasso, poi, nel saggio *L'avventura di un povero cristiano* (in « Civiltà Cattolica », 1 giugno 1968, pp. 459-465) scrive che il libro:

È una delle opere di maggior valore apparse in Italia negli ultimi venti anni, e una delle poche in cui un autore italiano ha osato affrontare un tema morale e religioso con una sensibilità d'artista e con impegno di pensatore.

Tuttavia il gesuita prende le distanze dalle conclusioni di Pier Celestino:

> Se le istituzioni sono corrotte o si corrompono, è perché è corrotto l'uomo, che di esse si serve non secondo la loro finalità ma per i propri interessi. Per questo non ci sentiamo di sottoscrivere in linea generale l'affermazione: « Il difetto non è tanto nelle persone, quanto nel sistema » (p. 170). Per noi è il contrario. Il difetto è nelle persone.

Maggiore entusiasmo l'opera suscita tra i protestanti (si legga l'articolo di Paolo Sanfilippo, *Celestino V in un dramma di Silone*, ne « Il Messaggero Evangelico », giugno-luglio 1968, pp. 180-182) e tra i socialisti libertari (indicativo è l'intervento di Pier Carlo Masini, *Un episodio di storia contemporanea*, in « Critica Sociale », 5 luglio 1968). Permane invece l'indifferenza dei critici comunisti. In proposito L. D'Eramo osserva che:

> La sola recensione che siamo riusciti a scovare sulla stampa comunista è *Un « drammone » senza respiro* col sottotitolo *Deludente lettura del nuovo Silone*, su « Paese sera », Roma 28 aprile 1968, non firmata[27].

Per quanto riguarda la critica straniera degli anni in cui in Italia si andava compiendo una sempre più decisa rivalutazione dell'opera di Silone, essa non ha mai smesso di interessarsi allo scrittore abruzzese. Così *Una manciata di more* incontra particolare favore in Francia, mentre *Il segreto di Luca* è considerato il capolavoro di Silone dai critici in lingua tedesca. La critica americana, dal canto suo, ricorda Silone soprattutto come l'autore di *Fontamara* e *Pane e vino*, mentre *Uscita di sicurezza*, che tanti consensi, come si è visto, riceve in Italia, suscita in essa qualche perplessità.

Nell'anniversario dei settant'anni di Silone si registrano numerosi interventi legati allo spessore morale dell'uomo più che ad un'analisi della sua opera. Oramai Silone ha decisamente acquistato un suo spazio nel panorama della letteratura italiana, anche se la sua fama è ancora contrastata. Significative, in proposito, sono la esclusione da alcune antologie e letterature del Novecento e le note frettolose di altre. Valgano gli esempi di Alberto Asor Rosa, *Storia e antologia della letteratura italiana*, Firenze, La Nuova Italia, 1972 e di Gianfranco Contini, *Letteratura italiana – Otto-Novecento*, Firenze, Sansoni, Accademia 1974. In ambito strettamente scolastico invece Salvatore Guglielmino, nell'edizione riveduta e ampliata della sua *Guida al Novecento*, Milano, Principato, 1987 (quarta edizione) ha sopperito con due pagine (pp. 233-234/I) al silenzio della prima edizione (1971). Tuttavia il giudizio finale che egli dà è davvero indicativo di un perdurare di luoghi comuni quanto mai semplicistici e riduttivi su Silone, anche in ambienti non accademici:

> Per quanto riguarda, specificamente, i due romanzi, *Fontamara* e *Pane e vino* – che a pieno diritto si inseriscono nella letteratura d'opposizione che stiamo esaminando – ci sembra si possa dire che, essi, pur se efficace strumento di propaganda e di pressione sull'opinione pubblica internazionale, sono, come impianto e stile, tardo-ottocenteschi e naturalistici, referto preciso su una condizione storico-sociale (per così dire, alla Zola) ma estranei alla elaborazione di nuovi moduli narrativi che, non diciamo all'estero, ma persino in Italia si tentavano in quegli anni.

Quanto afferma Guglielmino denota che, nonostante non manchino studi rigorosi e analitici, l'oscillazione dei critici intorno al nome (e all'opera) di Silone permane: il « caso » Silone forse attende ancora una risposta. Chi non attende, invece, di dare la sua risposta è il pubblico dei lettori che continua, al di là delle mode, a mostrare il suo interesse per uno scrittore che può trovare in esso il più stabile e significativo alleato.

Note al testo

Note all'Introduzione

[1] Ignazio Silone, (d'ora innanzi I.S.), *Uscita di sicurezza*, Vallecchi, Firenze 1965, p. 113.
[2] G. Spadolini, *Silone, uomo solo forte di speranza*, ne « La Stampa », 24 agosto 1978.

1

[1] R.W.B. Lewis, *Introduzione all'opera di Silone*, Opere Nuove, Roma 1961, p. 15.
[2] I.S., *Santi e povera gente*, ne « Il Tempo », 6 aprile 1979.
[3] I.S., *L'avventura di un povero cristiano*, Mondadori, Milano 1968, p. 27.
[4] I.S., *Uscita di sicurezza*, cit., p. 63.
[5] I.S., ivi, p. 64.
[6] I.S., ivi, p. 63.
[7] I.S., ivi, p. 71.
[8] I.S., ivi, p. 7.
[9] I.S., ivi, p. 29.
[10] I.S., ivi, p. 75.
[11] I.S., ivi, p. 76.
[12] R.W.B. Lewis, cit., p. 23.
[13] I.S., *Uscita di sicurezza*, cit., p. 77.
[14] I.S., ivi, p. 80.
[15] I.S., ivi.
[16] I.S., ivi, p. 81.
[17] I.S., ivi, p. 82.
[18] I.S., ivi, p. 83
[19] I.S., ivi, pp. 100-101.
[20] I.S., ivi, p. 113.
[21] G. Rigobello, *Ignazio Silone*, Le Monnier, Firenze 1979, pp. 8-9.
[22] In questo articolo Silone parla di un frammento del manoscritto di Ka-

zan che contiene la descrizione fisica di Cristo: cfr. L. d'Eramo, *L'opera di Ignazio Silone*, Mondadori, Milano 1971, pp. 511-512.

[23] Cfr. L. d'Eramo, cit., p. 115.
[24] Cfr. ivi, p. 512, n. 22.
[25] G. Rigobello, cit., pp. 10-11.
[26] R.W.B. Lewis, cit., p. 100.
[27] L. d'Eramo, cit., p. 533, n. 58.
[28] Cfr. L. d'Eramo, ivi, p. 537.
[29] Cfr. Ignazio Silone-Ivan Anissimov, *Un dialogo difficile*, Opere Nuove, Roma 1958, p. 9.
[30] Le lettere dei due scrittori si possono trovare anche in *Un dialogo difficile*, cit.
[31] L. d'Eramo, cit., p. 541.

2

[1] Si veda in proposito L. d'Eramo, cit., pp. 15-29.
[2] Citazione ripresa da L. d'Eramo, cit., p. 16, n. 1.
[3] V. Esposito, *Lettura di Ignazio Silone*, Edizioni dell'Urbe, Roma 1985, p. 33.
[4] Cfr. L. d'Eramo, cit., p. 60.
[5] L. d'Eramo, ivi, p. 67.
[6] I.S., Prefazione a *Fontamara*, Mondadori, Milano 1967, p. 7.
[7] I.S., *Fontamara*, cit., p. 145.
[8] I.S., ivi, p. 200.
[9] P. Spezzani, « *Fontamara* » *di Silone – Grammatica e retorica del discorso popolare*, Liviana, Padova 1979, p. 17.
[10] P. Spezzani, ivi, p. 36.
[11] I.S., Prefazione a *Fontamara*, cit., pp. 17-18.
[12] P. Spezzani, cit., p. 86.
[13] I.S., *Fontamara*, cit., p. 28.
[14] I.S., ivi, p. 24.
[15] I.S., ivi.
[16] I.S., ivi, p. 142.
[17] I.S., ivi, p. 34.
[18] I.S., ivi, pp. 35-36.
[19] Cfr. I.S., ivi, pp. 172-174.
[20] I.S., ivi, p. 38.
[21] Per questa parte si rimanda allo studio di P. Spezzani, cit., pp. 19-22.
[22] I.S., ivi, *Fontamara*, cit., p. 24.
[23] I.S., ivi, p. 49.
[24] I.S., ivi, p. 44.
[25] I.S., ivi, p. 85.
[26] I.S., ivi, p. 139.
[27] I.S., ivi, p. 207.
[28] I.S., ivi, pp. 148-150.
[29] I.S., ivi, p. 239.
[30] I.S., *Vino e pane*, Mondadori, Milano 1971, p. 61.
[31] I.S., ivi, pp. 61-62.

[32] I.S., ivi, p. 49.
[33] Cfr. I.S., Nota introduttiva a *Vino e pane*, cit., pp. 19-20.
[34] I.S., ivi, p. 21.
[35] I.S., *Vino e pane*, cit., p. 51.
[36] I.S., ivi, p. 141.
[37] I.S., ivi, p. 172.
[38] I.S., ivi, p. 183.
[39] I.S., ivi, p. 201.
[40] I.S., ivi, pp. 196-198.
[41] I.S., ivi, p. 223.
[42] I.S., ivi, p. 321.
[43] I.S., ivi, p. 324.
[44] I.S., ivi.
[45] I.S., ivi, p. 359.
[46] I.S., ivi, p. 347.
[47] I.S., ivi, p. 348.
[48] I.S., ivi, pp. 376-377.
[49] I.S., ivi, p. 377.
[50] I.S., ivi, pp. 378-379.
[51] I.S., ivi, p. 380.
[52] I.S., *La scuola dei dittatori*, Mondadori, Milano 1983, p. 73.
[53] I.S., ivi, p. 55.
[54] I.S., ivi.
[55] I.S., ivi, p. 56.
[56] I.S., ivi, p. 81.
[57] I.S., ivi, p. 103.
[58] I.S., *Il seme sotto la neve*, Mondadori, Milano 1987, p. 11.
[59] I.S., ivi, p. 69.
[60] I.S., ivi, p. 179.
[61] I.S., ivi, pp. 356-357.
[62] I.S., ivi, p. 361.
[63] I.S., ivi.
[64] I.S., ivi, p. 364.
[65] I.S., ivi, pp. 340-341.
[66] I.S., ivi, p. 177.
[67] I.S., *Una manciata di more*, Mondadori, Milano 1983, pp. 293-294.
[68] G. Vigorelli, *Finisce in amore il « giallo » di Silone*, in « Rotosei », Roma, 22 marzo 1957.
[69] I. Howe, *Silone, the power of example*, in « The New Republic », New York, 22 settembre 1958 (il passo è ripreso nella traduzione di L. d'Eramo, cit., p. 313).
[70] I.S., *La volpe e le camelie*, Mondadori, Milano 1985, p. 178.
[71] I.S., ivi, pp. 180-181.
[72] Cfr. I.S., *Uscita di sicurezza*, cit., pp. 94-95, n. 1.
[73] I.S., ivi, p. 173.
[74] I.S., *L'avventura di un povero cristiano*, cit., pp. 226-227.
[75] I.S., ivi, p. 201.

3

[1] R.W.B. Lewis, cit., p. 13.

[2] I.S., *Dati di una vita*, ne *Il rinnegato Silone*, Edizioni del Garofano, p. 28.

[3] I.S., *Santi e povera gente*, cit.

[4] I.S., ivi.

[5] R.W.B. Lewis, cit., p. 71.

[6] I.S., *L'avventura di un povero cristiano*, cit., p. 30.

[7] I.S., ivi, p. 31.

[8] Il saggio è stato recentemente ripubblicato nel volume *Il rinnegato Silone*, cit., pp. 73-78.

[9] Tutte queste citazioni sono tratte da I.S., *Ideologia e politica*, ne *Il rinnegato Silone*, cit.

[10] I.S., *Uscita di sicurezza*, cit., pp. 62-63.

[11] I.S., ivi, p. 81.

[12] I.S., ivi, p. 84.

[13] I.S., ivi, p. 85.

[14] I.S., ivi, p. 89.

[15] I.S., ivi, p. 98.

[16] I.S., ivi, pp. 97-98.

[17] I.S., ivi, p. 101.

[18] I.S., ivi, p. 106.

[19] I.S., ivi.

[20] I.S., ivi, pp. 108-109.

[21] I.S., ivi, p. 111.

[22] I.S., ivi, p. 114.

[23] I.S., ivi, p. 115.

[24] I.S., ivi, pp. 143.

[25] I.S., ivi, p. 143-144.

[26] I.S., ivi, p. 144.

[27] I.S., ivi. p. 147.

[28] I.S., ivi.

[29] I.S., ivi, pp. 147-148.

[30] I.S., ivi, p. 148.

[31] I.S., ivi. p. 149.

[32] I.S., ivi.

[33] Cfr. I.S., ivi, p. 146.

[34] G. Pampaloni, Presentazione a Ignazio Silone, *Severina*, Mondadori, Milano 1985, p. 11.

[35] I.S., *L'eredità cristiana nel socialismo* (conferenza tenuta a Roma nel marzo 1945 sotto gli auspici dell'Associazione per il progresso degli studi morali e religiosi), ne *Il rinnegato Silone*, cit., p. 44.

[36] I.S., *Uscita di sicurezza*, cit., p. 127.

[37] I.S., ivi, p. 124.

[38] I.S., ivi, pp. 125-126.

[39] I.S., *L'eredità cristiana nel socialismo*, cit., p. 47.

[40] I.S., ivi, p. 48.

[41] I.S., ivi.

[42] I.S., *L'avventura di un povero cristiano*, cit., p. 28.

[43] I.S., *L'eredità cristiana nel socialismo*, cit., p. 48.
[44] I.S., ivi, p. 49.
[45] I.S., *Vino e pane*, cit., p. 324.
[46] I.S., *L'eredità cristiana nel socialismo*, cit., p. 49.
[47] R.W.B. Lewis, cit., p. 81.
[48] R.W.B. Lewis, ivi, pp. 84-85.
[49] R.W.B. Lewis, ivi, p. 83.
[50] R.W.B. Lewis, ivi, p. 8.
[51] I.S., *L'avventura di un povero cristiano*, cit., p. 31.
[52] I.S., ivi.
[53] I.S., ivi, pp. 36-37.
[54] I.S., ivi, p. 39.
[55] I.S., ivi.
[56] I.S., ivi, p. 41.
[57] I.S., *Uscita di sicurezza*, cit., p. 149.

4

[1] I.S., Nota introduttiva a *Vino e pane*, cit., p. 22.
[2] I.S., *Uscita di sicurezza*, cit., p. 62.
[3] I.S., Nota introduttiva a *Vino e pane*, cit., p. 22.
[4] I.S., Prefazione a *Fontamara*, cit., pp. 18-19.
[5] I.S., *Uscita di sicurezza*, cit., p. 113.
[6] I.S., Nota introduttiva a *Vino e pane*, cit., pp. 21-22.
[7] I.S., *Uscita di sicurezza*, cit., p. 157.
[8] I.S., ivi, pp. 61-62.
[9] I.S., *L'eredità cristiana nel socialismo*, cit., p. 44.
[10] I.S., Nota introduttiva a *Vino e pane*, cit., p. 21.
[11] I.S., Prefazione a *Fontamara*, cit., pp. 10-11.
[12] I.S., ivi, pp. 16-17.
[13] I.S., ivi, p. 19.
[14] I.S., *L'eredità cristiana nel socialismo*, cit., pp. 44-45.
[15] I.S., Nota introduttiva a *Vino e pane*, cit., pp. 18-19.
[16] G. Rigobello, cit., p. 33.
[17] I.S., *Uscita di sicurezza*, cit., p. 146.
[18] I.S., Nota introduttiva a *Vino e pane*, cit., p. 21.
[19] I.S., ivi.
[20] I.S., Conversazione tra lo scrittore e alcune studentesse americane dello Smith College di Northampton assieme al loro professore di letteratura italiana Michele Cantarella (citazione ripresa da L. d'Eramo, cit., p. 32.).
[21] Cfr. I.S., ivi, pp. 32-33.
[22] Cfr. P. Spezzani, cit.
[23] I.S., *La narrativa e il sottosuolo meridionale*, in « Prospettive meridionali », dicembre 1955, pp. 24-25.
[24] R.W.B. Lewis, cit., p. 104.
[25] R.W.B. Lewis, ivi, pp. 109-110.
[26] G. Rigobello, cit., p. 161.
[27] G. Rigobello, ivi, p. 162.
[28] I.S., *Il seme sotto la neve*, cit., p. 117.

[29] I.S., ivi, p. 63.
[30] I.S., *Vino e pane*, cit., p. 70.
[31] I.S., *Una manciata di more*, cit., p. 124.
[32] I.S., ivi, p. 138.
[33] I.S., *Il segreto di Luca*, cit., p. 79.
[34] I.S., *Il seme sotto la neve*, cit., p. 116.
[35] I.S., ivi, p. 119.
[36] I.S., ivi, p. 289.
[37] I.S., *Una manciata di more*, cit., p. 229.
[38] I.S., *Il segreto di Luca*, cit., p. 79.
[39] I.S., *Vino e pane*, cit., p. 371.
[40] I.S., *Il seme sotto la neve*, cit., p. 10.
[41] I.S., ivi, p. 311.
[42] I.S., ivi, p. 364.
[43] I.S., *Una manciata di more*, cit., p. 44.
[44] I.S., *Il segreto di Luca*, cit., p. 186.
[45] I.S., *Uscita di sicurezza*, cit., p. 7.
[46] I.S., *L'avventura di un povero cristiano*, cit., pp. 24-25.

5

[1] Cfr. G. Rigobello, cit., pp. 169-170.
[2] A. Kazin, *Ignazio Silone's compassionate parable*, in « The New York Herald Tribune Book », 11 aprile 1937 (citazione ripresa di G. Rigobello, cit., pp. 196-197).
[3] L. Russo, *I narratori*, Milano 1951.
[4] N. Sapegno, *Storia della letteratura italiana*, La Nuova Italia, Firenze 1948.
[5] G. Pampaloni, *L'opera narrativa di Ignazio Silone*, ne « Il Ponte », gennaio 1949, pp. 54-56.
[6] A. Camus, Intervista rilasciata al settimanale parigino « Demain » (riportata anche dall'« Observer », Londra 17 novembre 1957 e da « Reporter », New York, novembre 1957).
[7] C. Milosc, Conferenza all'Università di Strasburgo, 14 agosto 1957.
[8] R.W.B. Lewis, *The Picaresque Saint*, J.B. Lippincott Company, New York 1959 (l'opera è stata tradotta in italiano col titolo *Introduzione all'opera di Ignazio Silone*, cit.).
[9] R.W.B. Lewis, *Introduzione all'opera di Ignazio Silone*, cit., p. 8.
[10] G. Rigobello, cit., p. 171.
[11] G. Petrocchi, *Il romanzo italiano di Ignazio Silone*, in « Idea », Roma, 23 novembre 1952; ripreso in « Humanitas », Brescia, agosto 1953 e nel volume *Poesia e tecnica narrativa*, Mursia, Milano 1965.
[12] E. Falqui, *Dal folclorismo di « Fontamara » al realismo di « Una manciata di more »*, ne « La Fiera Letteraria », 11 aprile 1954.
[13] G. Pampaloni, *Silone romantico*, ne « L'Espresso », 17 marzo 1957.
[14] P. Gentile, *Tommaso il Cinico*, in « Corriere della Sera », 28 agosto 1962.
[15] C. Salinari, *Il cinico di Silone*, in « Vie nuove », 10 dicembre 1962.
[16] L. d'Eramo, cit., p. 101.

[17] C. Bo, *Hanno avuto paura*, ne « L'Europeo », 1° agosto 1965.

[18] A. Bocelli, *Romanzo-dramma di Ignazio Silone su Papa Celestino V*, ne « La Stampa », 28 marzo 1968.

[19] G. Pampaloni, *L'ultimo Silone*, in « Corriere della Sera », 2 aprile 1968.

[20] G. Piovene, *Silone grande scrittore mal conosciuto in Italia. Celestino V: cristianesimo e utopia politica*, ne « La Stampa », 21 aprile 1968.

[21] G. Vigorelli, *Silone e l'avventura di un povero cristiano*, in « Tempo », 30 aprile 1968.

[22] C. Bo, *Autobiografica la storia del papa che finì eremita*, ne « L'Europeo », 30 maggio 1968.

[23] E. Falqui, *Il gran rifiuto*, ne « Il Tempo », 12 giugno 1968.

[24] C. Marabini, *Il papa di Silone*, ne « Il Resto del Carlino », 3 aprile 1968.

[25] A Rapisarda, *Con « L'avventura di un povero cristiano » Silone offre al teatro un'occasione da non trascurare*, ne « Il Messaggero », 22 aprile 1968.

[26] L. d'Eramo, cit., p. 438.

[27] L. d'Eramo, ivi, p. 436, n. 20.

Bibliografia

OPERE DI IGNAZIO SILONE

Narrativa

Fontamara, Zurigo 1933; Mondadori, Milano 1949 (edizione riveduta).

Un viaggio a Parigi, Zurigo 1934 (mai tradotto in italiano).

Pane e vino, Zurigo 1936; Mondadori, Milano 1955 (edizione definitiva).

La scuola dei dittatori, Zurigo 1938; Mondadori, Milano 1962 (edizione riveduta).

Il seme sotto la neve, Zurigo 1941; Mondadori, Milano 1961 (edizione definitiva).

Una manciata di more, Mondadori, Milano 1952.

Il segreto di Luca, Mondadori, Milano 1956.

La volpe e le camelie, Mondadori, Milano 1960.

Uscita di sicurezza, Vallecchi, Firenze 1965; Longanesi, Milano 1971.

Quel che rimane, parte prima de *L'avventura di un povero cristiano*, Mondadori, Milano 1968.

Severina, Mondadori, Milano 1981.

Saggistica

Il fascismo, le sue origini e il suo sviluppo, Zurigo 1935 (mai pubblicato in italiano).

Nuovo incontro con Mazzini, Londra e New York 1938; « Il Ponte », Firenze 1949 (edizione parziale).

Ideologia e politica, in « Mercurio », febbraio 1945, nn. 5-10.

Sulla dignità dell'intelligenza e l'indegnità degli intellettuali, di-

scorso tenuto a Basilea al Congresso del PEN Club 1947, in
« La Fiera Letteraria », 3 luglio 1947.

L'Abruzzo, introduzione al volume del Touring Club « Abruzzo
e Molise », Milano 1948.

Nel bagaglio dell'esule, in *Esperienze e studi socialisti*, La Nuova
Italia, Firenze 1954.

La narrativa e il sottosuolo meridionale, in « Quaderni di prospettive meridionali », Roma 1956, n. 1.

Un dialogo difficile, scambio di lettere con lo scrittore sovietico
Ivan Anissimov, Opere Nuove, Roma 1958.

Capitoli saggistici si trovano anche in *Uscita di sicurezza.*

Articoli vari di Silone si possono trovare sui giornali che egli
diresse: « L'avanguardia », 1921-23; « Il Lavoratore », 1922;
« Information », rivista in tedesco, 1931-33; « L'avvenire dei lavoratori », quindicinale zurighese, 1944; « Avanti! », 1945-46;
« Europa socialista », 1947-49; « Tempo presente », 1955-68.

Teatro

Ed Egli si nascose, Zurigo 1938; ultima edizione italiana Ed.
Mondiali, Milano 1966.

L'avventura di un povero cristiano, Mondadori, Milano 1968.

Al momento manca un'edizione critica e sistematica dell'intera
opera di Silone estesa anche alla saggistica, ingiustamente trascu-
rata. La narrativa è invece pubblicata a cura della Mondadori con
le esclusioni di *Un viaggio a Parigi* (non ancora pubblicato in italiano) e di *Uscita di sicurezza* (edito da Vallecchi e poi da Longanesi). Sono anche escluse dal mercato, naturalmente, in assenza
di un'edizione critica, le diverse stesure delle opere scritte in esilio. È auspicabile, nei tempi brevi, almeno una riedizione di *Ed
Egli si nascose* (da anni fuori catalogo) e la pubblicazione di un
volume che comprenda gli interventi saggistici più significativi
dell'autore.

STUDI SU IGNAZIO SILONE

Un testo ormai classico per orientarsi nel vasto panorama degli
scritti su Silone, al quale anche per questo volume si è fatto am-

pio riferimento, è quello di Luce D'Eramo, *L'opera di Ignazio Silone*, Mondadori, Milano 1971 (saggio critico e guida bibliografica). Il libro offre non soltanto un ampio e dettagliato repertorio dei numerosi studi italiani e stranieri su Silone, ma permette di seguire anche il tortuoso *iter* delle edizioni e traduzioni della sua opera. Per quanto riguarda gli studi critici, si possono cogliere nel tempo (e nello spazio) diversi aspetti e rimarcature. Vengono così sottolineate, in rapporto anche all'ambiente culturale che le determinano, di volta in volta, più caratteristiche dell'opera di Silone: realismo, simbolismo, espressionismo, regionalismo, naturalismo, surrealismo, ricorso alla favola e al mito. Inizialmente l'opera di Silone acquista risonanza e notorietà soprattutto come testimonianza sofferta dell'autore. In tal senso si collocano gli interventi di Trotzkij (*Lettera di Trotzkij a Silone*, pubblicata nel numero di ottobre 1933 del « Bollettino dell'Opposizione » comunista russa a Parigi e riprodotta su « Il Ponte », Roma, 8 marzo 1958), di Graham Greene (*Ignazio Silone*, in « The Spectator », Londra, 2 novembre 1934), di Alfred Kazin (*Ignazio Silone's Compassionate Parable*, in « The New York Herald Tribune Book », 11 aprile 1937) e di Thomas Mann (*Lettere di Thomas Mann agli editori Harper and Brothers*, New York 1937): in essi si saluta soprattutto in Silone lo scrittore di una nuova, moderna spiritualità e il cantore della libertà.

Nasce in questo periodo anche l'esigenza di accostare Silone ad altri nomi e voci significativi: R. J. Humm, ad esempio, in *Ein Roman aus dem heutigen Italien*, « Nazional-Zeitung », Basilea, 17 maggio 1936, paragona *Pane e vino* a *Le anime morte* di Gogol.

Sin dalla pubblicazione di *Pane e vino*, alcuni autori si preoccupano invece di mettere a confronto le prime due opere di Silone (in tal senso si legga l'intervento di F. W. Dupee, *After Fontamara. A Silone novel and escapade in eschatology*, in « New Masses », New York, 13 aprile 1937). In alcuni di questi commenti critici (Lewis Gannet, in « The New York Herald Tribune », 2 aprile 1937; Peter Monro Jack, *Silone's novel about Italy under fascism*, in « The New York Times Book Review », 4 aprile 1937; Karl Billinger, *Bitter Wine*, in « The New Republic », New York, 21 aprile 1937) ci si sofferma con tempestivo intuito sull'umorismo di Silone. Allorché viene pubblicato *La scuola dei dittatori*, il nome di Silone viene accostato dai critici statunitensi ed inglesi a quello di Machiavelli e di Shaw (cfr. Kingsley Martin, *The New Machiavelli*, in « The Statesman and Nation », Londra, 4 febbraio 1939; Clifton Fadiman, in « The New Yorker », 26 novembre 1938; Malcom Muggeridge, in « Time and Tide », Londra, 4 febbraio 1939). Alfred Kazin in *A Dialogue on Dictatorships* (« The New York Herald Tribune », 12 dicembre 1938) paragona questo libro ai grandi testi di meditazione politica del passato. Appaiono, intanto, i primi saggi complessivi sulla poetica di Silone; tale è la monografia di James T. Farrell, *Ignazio Silone*, in « The Southern Review », New York 1939.

La guerra non fa diminuire l'interesse d'oltralpe per Silone anche se rallenta il numero e lo spessore degli interventi. Nel '42 Lewis Gannet, recensendo *Il seme sotto la neve*, in « The New York Herald Tribune », mette in evidenza la spiritualità francescana che guida l'agire di Pietro Spina. Jean-Paul Samson, invece, in *Silone oder die Anti-Rethoric* (in « Der Aufbau », Zurigo, 21 maggio 1943) si sofferma sulla prosa siloniana, la cui chiarezza « non potrebbe essere meno rivoluzionaria ».

Di particolare interesse, per quanto concerne la critica straniera del dopoguerra, è il saggio di Edmund Wilson, *Due superstiti: Malraux e Silone*, apparso su « The New Yorker », 8 settembre 1945 e riprodotto su « Il Mese », aprile 1946. In questo intervento il critico americano mette in evidenza il naturale atteggiamento di simpatia di Silone verso i contadini che supera lo sterile e astratto appello alla coscienza di classe. *Pane e vino*, per Wilson, « ha qualcosa in comune coi romanzi dai grandi panorami come *Anime morte* e *Huckleberry Finn* ».

In Italia, Guido Piovene fu tra i primi a interessarsi a Silone nel dopoguerra. Egli, in un articolo apparso su « Città » del febbraio 1945 (*Moralità di Silone*), pur attribuendo a *Il seme sotto la neve* una tecnica narrativa ottocentesca, sottolinea l'interesse sociale-religioso-politico che guida Silone quale narratore. Francesco Jovine, invece, in *Silone ultimo*, apparso su « L'Italia che scrive » del 29 novembre 1945, inserisce Silone nella corrente della narrativa meridionale. Fogazzaro e narrativa meridionale, del resto, sono i riferimenti più frequenti operati dalla critica italiana in quegli anni.

Tra i primi che in Italia riconobbero l'arte di Silone ricordiamo Francesco Flora (*Storia della letteratura italiana*, Mondadori, Milano 1949, vol. V), Guglielmo Petroni (*Ignazio Silone*, ne « La

Fiera Letteraria », 11 aprile 1954) e Geno Pampaloni. Quest'ultimo, in particolare, è uno dei più attenti e puntuali studiosi di Silone. Egli, nel saggio *L'opera narrativa di Ignazio Silone*, ne « Il Ponte », gennaio 1949, dopo aver distinto l'autore abruzzese da Verga, ne mette in evidenza l'ironica malinconia, l'espressionismo e la lentezza dello stile. Anche Claudio Varese, nel suo libro *Cultura letteraria contemporanea* (Nistri-Lischi, Pisa 1951), parla di espressionismo a proposito della scrittura di Silone.

Jacques Sorel (*Ignazio Silone ou le nouvel éloge de la folie*, in « Les Beaux Arts », Bruxelles, 28 dicembre 1951) vede in Pietro Spina il nuovo « idiota » di Dostoevskij calato nella realtà del XX secolo. Spina, per Sorel, è anche il pazzo per eccellenza, in cui la follia si confonde con la redenzione.

Opposti giudizi suscita *Una manciata di more* (1952). Se Pampaloni, nella « Rassegna » dell'Approdo radiofonico del 16 agosto 1952, vede in quest'opera il segno di un'involuzione rispetto a *Fontamara*, per Petrocchi (*Il romanzo italiano di Ignazio Silone*, in « Idea », 23 novembre 1952), invece, l'abilità di Silone si è notevolmente irrobustita.

Michael Harrington, in *The political novel today*, in « The Commonweal », New York, 28 ottobre 1955 (parzialmente riprodotto ne « La Fiera Letteraria », 4 marzo 1956), opera un confronto tra Koestler, Malraux e Silone, che, a suo dire, con Camus, Sperber, Sartre « costituiscono in vari modi la reazione al più cosciente movimento di classi che l'Europa abbia conosciuto ». Si fa strada anche la nozione di letteratura degli ex che è possibile ritrovare anche nel libro di John Lehmann, *The Wispering Gallery*, Longmans, Londra 1955.

Giancarlo Vigorelli (*Finisce in amore il « giallo » di Silone*, in « Rotosei », 22 marzo 1957), Ferdinando Virdia (*Nel « Segreto di Luca » una nuova svolta di Silone*, ne « La Fiera Letteraria », 24 marzo 1957), Giuseppe Ravegnani (*Un segreto di Silone nel « Segreto di Luca »*, in « Epoca », 14 aprile 1957), Giacinto Spagnoletti (*I romanzieri italiani del nostro secolo*, Edizioni RAI, Torino 1957) mettono in evidenza lo scarto qualitativo che separa *Il segreto di Luca* dalle opere precedenti di Silone, in particolare da *Fontamara* (queste ultime, a loro dire, risulterebbero meno persuasive). Anche a Geno Pampaloni (*Silone romantico*, ne « L'Espresso », 17 marzo 1957) *Il segreto di Luca* piace in modo particolare.

Del 1959 è un saggio di Richard W.B. Lewis fondamentale per la conoscenza di Silone, *The Picaresque Saint*, J. B. Lippincott Company, New York, 1959, tradotto poi in italiano limitatamente alla parte che riguarda lo scrittore abruzzese col titolo *Introduzione all'opera di Ignazio Silone*, Opere Nuove, Roma 1961. Gli importanti e inediti riferimenti biografici che in questo lavoro si possono trovare servono a stabilire un'analogia con i personaggi delle opere di Silone. Importante è anche il saggio di Irving Howe, *Politics and the novel*, The World Publishing Co., Cleveland 1961 (tradotto in italiano col titolo *Politica e romanzo*, Lerici, Roma 1962), in cui si esamina il rapporto tra lo scrittore e le istituzioni politiche. Il critico americano distingue poi l'eroismo di Silone da quello di Hemingway.

Del 1960 è, invece, il saggio di G. Mariani, *Ignazio Silone*, in *I contemporanei*, Marzorati, Milano 1960, vol. III. Significative sono anche le recensioni a *La scuola dei dittatori*. Ricordiamo: Luigi Salvatorelli, *Ignazio Silone ha scritto un « Principe » per il XX secolo: « La scuola dei dittatori »*, ne « La Stampa », 12 settembre 1962; Panfilo Gentile, *Tommaso il Cinico*, in « Corriere della Sera », 28 agosto 1962; Leo Valiani, *Un'anatomia del totalitarismo*, ne « L'Espresso », 9 settembre 1962; Geno Pampaloni, *Silone preferisce definirsi cinico*, « Epoca », 26 agosto 1962. Interessante è la presentazione alla nuova edizione americana del libro di Irving Howe (Atheneum, New York 1964).

Particolarmente importante, per le domande che pone, è il saggio di Aldo Garosci, *Silone, fedeltà e solitudine*, in « Comunità », Milano, 10 ottobre 1965. Per il critico, nei racconti di Silone la storia soggiace al racconto e la morale alla leggenda. Tesi a ricercare in Silone temi di attuale religiosità sono i saggi del gesuita Alessandro Scurani raccolti nel volume *Ignazio Silone, un amore religioso per la giustizia*, Edizioni « Letture », Milano 1969. Se il saggio di Arnaldo Bocelli, *Itinerario di Ignazio Silone*, in « Nuova Antologia », novembre 1969, esamina in particolare gli aspetti stilistici dell'opera di Silone, la monografia di Ferdinando Virdia, *Silone*, La Nuova Italia, Firenze 1967, è invece imperniata su valutazioni di carattere biografico, morale e socio-politico. Carlo Salinari, in *Preludio e fine del realismo in Italia*, Morano, Napoli 1967, parla, riferendosi a Silone, di realismo simbolico. Maria Letizia Cassata nel volume, *Gli uomini di Silone*, Edizioni « Oderisi », Gubbio 1967, si preoccupa soprattutto delle tipologie umane che si avvicendano nell'opera dello scrittore. In *Un homme libre* (in « La Quinzaine Littéraire », Parigi, agosto 1966), Maurice Nadeau mette in evidenza l'umanesimo dell'autore.

Irving Howe, in *The most reflective of radical democrats* (in « The New York Times Book Review », 29 dicembre 1969), dopo aver ricordato che lo scrittore, per il pubblico americano, è soprattutto l'autore di *Fontamara* e *Pane e vino*, soffermandosi su *Uscita di sicurezza*, confronta Orwell e Silone. Nel 1968 appare un saggio sull'opera complessiva dell'autore: *Silone* di Claudio Marabini (in « Nuova Antologia », novembre 1968). Nel lavoro si sottolinea l'imperativo morale che guida la narrativa siloniana. Un'analisi della politicità dell'arte di Silone e della ricerca di un equilibrio tra questa e la poetica si trova in *Ignazio Silone* di Giorgio Petrocchi (quaderno di « Letteratura abruzzese contemporanea », 1970). Il numero de « Il Dramma » del maggio 1970 è in gran parte dedicato allo scrittore abruzzese; in esso, col titolo *Per i 70 anni di Silone*, si raccolgono numerosi interventi e testimonianze di autori italiani e stranieri tra cui Vittore Branca, Piero Chiara, Georges Haldas, Giacinto Spagnoletti, Stefan Andres, Leonida Répaci, Michele Prisco, Fulvio Tomizza, Giuseppe Ungaretti, Maurice Nadeau, Luigi Santucci, Guglielmo Petroni, Angus Wilson.

Comunicazioni di diversi studiosi (Giovanni Cristini, Ernesto Buonaiuti, Nicola Chiaromonte, Luce d'Eramo, Bruno Corbi) raccoglie il volume *Dal villaggio all'Europa*, De Luca Editore, Roma 1971. Il volume *Socialista senza partito - cristiano senza chiesa*, Edizioni Paoline, Alba 1974, racchiude interventi di R. Alei, A. Bernardoni, A. Di Vanna, G. Piaggesi. Del 1974 è la monografia di Carlo Annoni, *Invito alla lettura di Silone*, Mursia, Milano.

Piero Argano, ne *Il romanzo di Silone*, Longo Editore, Ravenna 1975, si sofferma sugli aspetti contenutistici dell'opera siloniana. Certamente più interessante quale studio di introduzione all'autore è la esauriente monografia di Giuliana Rigobello, *Ignazio Silone*, Le Monnier, Firenze 1975. Nella rivista « Oggi e Domani », Pescara, giugno 1974, sono raccolti interventi di L. d'Eramo, A. Garosci, E. Miscia, G. Pampaloni, G. Porto, F. Storelli. Del 1977 è una lettura critica di *Fontamara* attraverso la conoscenza delle vicende politiche e letterarie che hanno condizionato l'autore (C. Aliberti, *Come leggere Fontamara*, Mursia, Milano).

Va ricordata anche l'opera di M. G. Masciarelli, *L'utopia di Ignazio Silone*, Marchionne, Chieti 1978.

Utilissima per superare alcuni stereotipi comuni sul linguaggio di Silone è l'opera di Pietro Spezzani, «*Fontamara*» *di Silone - Grammatica e retorica del discorso popolare*, Liviana, Padova 1979. Sempre del '79 è il volume di E. Guerriero, *L'inquietudine e l'utopia. Il racconto umano e cristiano di Ignazio Silone*, Jaca Book, Milano. Dello stesso anno è *Silone tra l'Abruzzo e il mondo*, a cura di A. Gentile e A. Gasbarrini, M. Ferri Editore, L'Aquila (con riproduzione fotostatica di 150 articoli apparsi sulla stampa mondiale per la morte di Silone).

Del 1980 è il saggio di Vittoriano Esposito, *Ignazio Silone: la vita, le opere, il pensiero*, Edizioni dell'Urbe, Roma.

Due rapidi, ma attenti profili sono quelli di M. Tedeschi (in *Dal fascismo alla resistenza*, Laterza, Bari 1980, pp. 131-136) e di R. Luperini (ne *Il Novecento. Apparati ideologici, ceto intellettuale, sistemi formali nella letteratura italiana contemporanea*, Loescher, Torino 1981, II, pp. 553-54. Ricordiamo inoltre recenti studi di: A. Barbagallo, *Omaggio a Silone*, Editrice Milo, Catania 1982; G. Padovani, *Letteratura e socialismo* (saggi su Ignazio Silone), Aldo Marino Editore, Catania 1982; F. Desiderio, *L'Abruzzo in Silone*, in *Abruzzo nel Novecento*, Costantini, Pescara 1984; V. Esposito, *Lettura di Ignazio Silone*, Edizioni dell'Urbe, Roma 1985.

Segnaliamo infine il volume, *Il rinnegato Silone* (Edizioni del Garofano, s.d.), che raccoglie oltre ad articoli e saggi su Silone, il testo integrale del discorso dell'allora Presidente del Consiglio Bettino Craxi, tenuto a Pescina dei Marsi il 2 dicembre 1984.

Gli Oscar

Oscar Mondadori
Periodico trisettimanale: 12 settembre 1988
Registr. Trib. di Milano n. 49 del 28-2-1965
Direttore responsabile: Alcide Paolini
Spedizione abbonamento postale TR edit.
Aut. n. 55715/2 del 4-3-1965 - Direz. PT Verona
OSC